Herderbücherei

Band 8825

Über das Buch

Dieses geistliche Lesebuch – aus dem Leben heraus sowie ins Leben hinein gesprochen – folgt Schritt um Schritt den Spuren des Menschen, Jesu, dem es immer um das Eine ging: Menschwerdung in umfassendem, göttlichem Sinn. Verbarg sich doch Gott selbst in diesem Menschen, damit der Mensch Mensch und göttlich werde.
„Daß wir den Himmel schauen" – die Sehnsucht vieler Menschen ist groß, ihr Ankommen oft mühsam. Und doch: Bereits dieses krumm und schief geschriebene Leben hier auf Erden kann bereits das Fenster zum Himmel sein. Davon weiß Johannes Bours eindringlich zu sprechen.

Über den Autor

Johannes Bours, 1913–1988; vielen Menschen in und am Rande der Kirche wurde er durch persönliche Gespräche, durch seine Kurstätigkeit sowie durch seine Ansprachen und Meditationen in Buch und Funk als gefragter geistlicher Berater und Autor bekannt.

Johannes Bours

Daß wir den Himmel schauen

Spuren der Menschwerdung

Herder
Freiburg · Basel · Wien

Gedruckt auf umweltfreundlichem,
chlorfrei gebleichtem Papier

2. Auflage

Herstellung: Freiburger Graphische Betriebe 1995
Umschlagmotiv: Benedict Schmitz
ISBN 3-451-08825-8

Inhalt

1
Ein Sehnen lebt in allem

*

Auf die innere Wahrheit horchen

„Vielleicht aber braucht Gott die Sehnsucht, wo sollte sonst sie auch bleiben..."

(Nelly Sachs)

Das ist ein Wort der Dichterin Nelly Sachs. „Vielleicht aber braucht Gott die Sehnsucht, wo sollte sonst sie auch bleiben ..." Welche Sehnsucht ist gemeint? Hat Gott Sehnsucht? Ob es das gibt: Sehnsucht in Gott? Oder ist die Sehnsucht des Menschen gemeint, die Gott braucht? Oder vielleicht beides: daß die Sehnsucht des Menschen der Sehnsucht Gottes begegnet?

Es gibt viele Sehnsüchte. Aber die tiefste und eigentliche Sehnsucht hat, so denke ich, mit der Liebe zu tun. Nur die Liebe kennt wahre Sehnsucht. Wenn aber Gott die Liebe ist, wie es die Bibel sagt, dann kennt Gottes Liebe auch Sehnsucht. Sehnsucht nicht auf dieses und jenes hin, sondern einzig auf den Menschen hin. Denn auf Erden kann von allem Geschaffenen nur der Mensch Du sagen und lieben.

Gott sehnt sich nach der Antwort des Menschen, nach seiner Liebesantwort. Er hat den Menschen als sein Gegenüber geschaffen. Nun wartet er auf den Menschen, so wie ein Liebender auf die Geliebte wartet. „Die Sehnsucht Gottes ist der Mensch", sagt der große Menschen- und Gotteskenner Augustinus.

Warum ist es so? Ich weiß es nicht. Gott ist Liebe. Die Liebe kennt zuletzt kein Warum. Zuletzt ist die Liebe grund-los.

Wir können Gott nichts geben, was ihm nicht schon gehörte. Das einzige, was wir ihm wahrhaft geben können, ist unser liebendes Du-Sagen. „Gott hat an allen Dingen genug, allein die Begegnung mit dem Menschen wird ihm nie genug", sagt die Mystikerin Mechthild von Magdeburg.

Und der Mensch? Wohin geht seine Sehnsucht? Sehnsucht geht nicht auf Dinge, die man machen oder kaufen kann. Auch die Sehnsucht des Menschen geht nicht auf dieses oder jenes, sondern zuletzt einzig auf das bleibende Glück der Liebe.

Aber gibt es das? Das bleibende Glück der Liebe? Steckt auch im Glück der Liebe der Keim der Vergänglichkeit?

„Vielleicht aber braucht Gott die Sehnsucht, wo sollte sonst sie auch bleiben ...": In Gott allein kann sie *bleiben,* findet sie ihre Erfüllung, wird sie gestillt. „Du, o Gott, hast uns zu dir hin erschaffen, und ruhelos ist unser Herz, bis es ruht in dir" (Augustinus). Die Sehnsucht Gottes nach dem Menschen weckt im Menschen die Sehnsucht nach Gott.

Die jüdische Dichterin Nelly Sachs war vertraut mit den Psalmen des Alten Testamentes. So kannte sie auch den Psalm (63), der mit den Worten beginnt:

> O Gott, mein Gott bist du,
> in Sehnsucht suche ich dich.
> Meine Seele dürstet nach dir,
> nach dir schmachtet mein Leib
> wie dürres, lechzendes Land ohne Wasser.
> So blicke ich aus nach dir,
> zu schauen deine Macht und Herrlichkeit.
> Denn deine Huld ist besser als Leben;
> darum preisen dich meine Lippen.

„O Erde – durchzogen von den Spuren des Heimwehs"

(Nelly Sachs)

Die jüdische Dichterin Nelly Sachs konnte kurz vor dem Krieg, sozusagen in letzter Minute, nach Schweden entkommen. Sie litt unsäglich unter dem Schicksal ihres Volkes. Dieses Leid prägte zutiefst ihre Dichtung.

Immer wieder taucht in ihren Gedichten auch die Frage auf: Was ist das mit dieser Erde? Mit dieser Erde, in deren Rinde so viele Wunden geschlagen sind? Einmal schreibt sie diesen Vers:

O Erde, Erde
Stern aller Sterne
Durchzogen von den Spuren des Heimwehs
Die Gott selbst begann –

Die Erde, durchzogen von den Spuren des Heimwehs ... Wenn man Heimweh hat, möchte man auf dem Weg nach Hause sein. Ist die Erde mit ihrem Heimweh unterwegs nach Hause? Da sind Spuren auf dieser Heimwehstraße: Gott selbst hat sie begonnen, als er sie erschuf. Er hat diese Heimwehspuren begonnen in den bezaubernden Wundern seiner Schöpfung, leuchtende Hinweise auf ihre Herkunft, zu der sie sich zurücksehnt.

Aber da ist, so glauben wir Christen, noch eine andere Spur auf der Heimwehstraße der Erde: die Spur des *einen* Jesus von Nazaret, in dem Gott selbst über diese Erde gegangen ist, seine Spur, die am Kreuz zu enden scheint, die aber wunderbar über das Kreuz hinaus führt in das Licht der kommenden Welt.

Die Astronauten sagen, die Erde sehe im Weltall aus wie ein wunderbar blauschimmernder Edelstein. Aber die Dichterin sagt: „Erde, viele Wunden schlugen sie in deine Rinde." O ja, das wissen wir heute wie nie zuvor: die Wunden, die wir Menschen in die Rinde der Erde geschlagen haben!

Und doch wartet sie, die Erde, auf eine Art Heimkehr, wo die Wunden geheilt werden. Paulus sagt es im Römerbrief, daß die ganze Schöpfung seufzt und bis zum heutigen Tag in Geburtswehen liegt; sehnsüchtig wartet sie auf den Tag, wo die Herrlichkeit auch an ihr offenbar wird.

Eine „Heimwehleiter" steigt von unserer Erde auf. Ob wir an ihr weiterbauen müssen? In all der Umweltproblematik unserer Zeit sollten wir Christen am ehesten wissen, daß uns die Erde aufgetragen ist: sie zu bewahren und zu bereiten für ihre Heimkehr. Auch wenn wir wissen, daß wir aus unserer Erde nicht mehr das Paradies machen können, müssen wir das Äußerste tun, daß auf der Erde Friede, Schalom, sein kann! Wir müssen den Tag mitvorbereiten, an dem von Gott her geschehen kann, was auf den letzten Seiten der Bibel verheißen ist: „Dann sah ich einen neuen Himmel und eine neue Erde, denn der erste Himmel und die erste Erde sind vergangen. Ich hörte eine laute Stimme rufen: Seht, die Wohnung Gottes unter den Menschen! Er wird alle Tränen von ihren Augen abwischen. Denn was früher war, ist vergangen. Er, der auf dem Throne saß, sprach: Seht, ich mache alles neu!"

Gott träumt einen Traum*

Gott träumt einen Traum! Aber mit Gottes Träumen ist es so: Sie wollen Wirklichkeit werden! Was ist Gottes Traum? Daß da *ein* Volk auf dieser Welt wäre, das ganz mit ihm lebte! Ein Volk, das ihm ganz vertraute, ein Volk, das in seiner Liebe und Gerechtigkeit lebte! Und dieses eine Volk sollte ein Vor-zeichen und eine Vorbereitung sein für die kommende Welt, für die neue Schöpfung, die Gott für alle einmal heraufführen will.

Hat es das gegeben? Gibt es dieses Gottesvolk? Ganz klein fing es an, vor dreieinhalbtausend Jahren. Ein Stamm, der von den Mächtigen der Erde zu Sklaven gemacht worden war, wurde von Gottes Freiheit gepackt und entkam in die Wüste. Gott sagte: „Ich will sie in die Wüste führen: da will ich zu ihrem Herzen sprechen!" Da, in der Wüste, sollte dieses kleine Volk lernen, ganz mit Gott zu leben, ganz auf Gott zu vertrauen. Später als es auf diese Zeit in der Wüste zurückschaute, weiß es: Damals war wunderbare Anfangszeit, Brautzeit mit Gott!

Als dieses kleine Volk dann seinen Weg durch die Geschichte geht und es in der Gefahr ist, seine Berufung zu vergessen, da stehen immer wieder Männer auf, die ganz ergriffen von der Leidenschaft für Gott, für Gottes Traum, nicht aufhören zu rufen: *Wir* müssen Gottes Volk sein; die Völker müssen an uns sehen können, wie Gott es meint! Wir müssen Gottes Gerechtigkeit und Barmherzigkeit le-

* Diese in einem Ordenshaus gehaltene Ansprache verdankt sich ganz dem Buch von Norbert Lohfink, Kirchenträume. Reden gegen den Trend. Freiburg i. Br. (Herder) 2. Auflage 1989.

ben, wir müssen uns ganz und gar auf Gott verlassen, müssen ihm ganz und gar vertrauen – so können wir anfangen, die neue Menschengesellschaft unter den Völkern und für die Völker sichtbar zu machen, das Friedensreich Gottes unter den Menschen, von dem Er träumt!

Da entdecken sie: Mit Gott leben, heißt anders leben, als wie man in den Reichen der Macht und der Gewalt lebt. Uns so ahnen sie die Gesetze Gottes für sein Volk, Gesetze der Freiheit und der Brüderlichkeit. So etwa: Jedes 49. Jahr sollten alle Schulden gestrichen werden, sollten die Sklaven in die Freiheit entlassen werden. Alle sieben Jahre sollten Acker, Weinberg und Ölbaumhain vom Eigentümer nicht abgeerntet werden, damit die Armen davon leben könnten. Jedes Jahr sollten die Felder, Weinberge und Ölbäume nicht restlos abgeerntet werden: die Armen und auch die wilden Tiere sollten dort ihren Anteil noch finden können. Und von dem Fremden, der im Volk Gottes lebt, wird gesagt: „Er soll bei euch sein wie ein Einheimischer, und du sollst ihn lieben wie dich selbst. Denn – vergeßt es nicht – ihr seid ja selbst einmal Fremde in Ägypten gewesen!" (Lev 19, 34). Es ist wie eine wunderbare Utopie, sie holen sie nie ein mit ihrem Alltag.

Ist es nur ein Traum geblieben? Dieses Gottesvolk in Frieden und Gerechtigkeit, in der auch der Kleine leben kann? Lassen die Mächtigen ringsum ein solches Volk überhaupt aufkommen? Halten die Menschen *in* diesem Gottesvolk diesen wunderbaren Freiheitsentwurf Gottes überhaupt durch? Halten sie es aus, ohne Gewalt zu leben? Fallen sie nicht immer wieder mit unheimlicher Schwerkraft in den eigenen Macht- und Gewaltentwurf zurück? Die Menschen träumten Gottes Traum nicht mit. War Gottes Traum ausgeträumt?

Gott wagte noch mehr! Er wagte das Äußerste. Er ging selbst, Mensch unter Menschen, in sein Volk hinein und lebte seinen Traum in *einem* Menschen, in Jesus von Nazaret. Aller Entwurf Gottes sammelte sich in ihm: Hier war das neue Herz! Die Kraft Gottes ging von ihm aus, wer ihn berührte, wurde heil. Hier war *der* Keim des Gottesreiches auf Erden. Hier war *der* Mensch, der ganz Gott vertraute, der ganz mit Gott lebte. An dieser Stelle brach in der düsteren Menschengeschichte der Gewalt das Licht durch, die Dämonen flohen vor ihm.

Die Menschen, besonders die Kleinen, die Armen, spürten es. Sie sammelten sich um ihn am Ufer des galiläischen Meeres. Sie lauschten seinen Worten, in denen er die Grund-Sätze des Gottesreiches verkündete, den Traum Gottes, wie *sein* Volk mitten unter den Völkern und für die Völker leben sollte: „Selig, die keine Gewalt anwenden; selig, die Frieden stiften, selig die Barmherzigen ..." Wenn ihr von Gott geliebt seid, so verkündete er, unendlich geliebt, habt ihr dann nicht alles? Wenn ihr Söhne und Töchter Gottes seid, seine Geliebten, was kann euch da noch fehlen? Was müßt ihr dann noch krampfhaft festhalten? Wenn ihr *den* Schatz im Acker gefunden habt, wenn ihr, so würden wir heute sagen, das große Los gezogen habt, dann könnt ihr doch alles andere loslassen. Wenn euch dann einer den Mantel nimmt, dann laßt ihm auch noch den Rock; wenn euch dann einer auf die rechte Wange schlägt, dann haltet ihm auch die andere hin. Dann könnt ihr sogar den Feind lieben, denn ihr seid doch in der großen Freude, ihr seid doch von Gott unendlich geliebt, von ihm, der seine Sonne aufgehen läßt über Gute *und* Böse!

Wenn ihr so lebt, dann seid ihr die Stadt auf dem Berge, dann seid ihr das Licht der Welt! Wenn die Völker ringsum euch sehen, wie ihr lebt in Gerechtigkeit und Barmherzigkeit, ohne Gewalt, ohne Streit, muß es dann nicht dahin kommen, wie es beim Propheten Jesaja (2, 1–4) heißt:

> Dann schmieden sie Pflugscharen aus ihren Schwertern
> und Winzermesser aus ihren Lanzen.
> Man zieht nicht mehr das Schwert, Volk gegen Volk,
> und übt sich nicht mehr für den Krieg.

Ist es nicht alles Traum geblieben? Der Traum Gottes in Jesus von Nazaret? Für ihn ging Jesus in den Tod! Er scheiterte an der Macht, an der Gewalt der Menschen, die den Gewaltlosen nicht ertragen konnten. Scheiterte er auch an Gott?

Wenn dieser Jesus von Nazaret, der am Kreuz hängt, *lebt*, wenn das wahr ist, daß er *lebt!*, ist der Traum Gottes in ihm gescheitert? Fing er nicht gerade jetzt, nach Ostern, erst an, Wirklichkeit zu werden?

Bald sammelte sich die kleine Gemeinde des neuen Gottesvolkes um den Auferstandenen, in der Kraft seines Geistes. Wie ein ganz kleines Senfkorn fing es an, wie eine Handvoll verborgenen Sauerteigs. Für eine kurze Zeit schien es zu gelingen, für einen Augenblick am Anfang, aber auch hier schon wurde bald deutlich: Es war nicht nur die Gemeinde der Reinen, es war auch die Gemeinde der Sünder, der Schwachen.

Schmerzliche Fragen steigen in uns auf: Lebt die Kirche den Traum Gottes? Ist es wahr, was ich las: „Wir Christen sind die älteste Alternativgesellschaft der Welt!"? Sind wir es wirklich? Leben wir die Lebensweise des Evangeliums? Ist die Kirche Modell für die neue Gesellschaft, die Gott meint?

Je größer die Kirche wird – wird sie nicht dann auch um so schwerfälliger? Diese Kirche nicht nur der Reinen, sondern auch der Sünder, der Schwachen? Kann sie noch den Traum Gottes mitträumen? Manchmal bricht das Licht durch. Da springt ein Franz von Assisi aus allem Reichtum in die Armut hinein, springt mitten in Gottes wunderbaren Traum hinein. Da läßt ein Charles de Foucauld die tödliche Langeweile einer satten Welt hinter sich und wird in der Wüste Afrikas von der Glut der Gottesliebe umgewandelt. Da läßt eine Mutter Teresa eine ganze Welt aufhorchen, weil sie auf unmittelbarste Weise das lebt, was sie vom Evangelium begriffen hat.

Wir sind in einem Ordenshaus. Und sofort ist jetzt die Frage da: Sind denn nicht die Orden der Kirche der Ort, wo ganz besonders etwas sichtbar werden kann von Gottes Traum? Hat nicht jeder Ordensgründer, hat nicht jede Ordensgemeinschaft ein Stück von Gottes Traum mitträumen wollen *und* Wirklichkeit werden lassen wollen? War es nicht so gedacht, daß jeder Orden in seiner Weise ein Stück Alternativgesellschaft des Evangeliums sein wollte? Radikal und kompromißlos? Stadt auf dem Berge? Licht der Welt? Sind nicht die evangelischen Räte: Jungfräulichkeit, Armut, Gehorsam Zeichen der Leidenschaft für Gott, Hinweise auf Gottes Traum auf Erden? Der Versuch, alles Eigene loszulassen und ganz frei zu werden für den Entwurf Gottes? Wollen die Orden nicht das Wagnis versuchen, die Lebensweise Jesu zu leben? Das Wagnis, Alternativgesellschaft der Hoffnung zu sein, der Hoffnung auf die kommende Welt Gottes, gerade in einer Zeit der gelangweilten Erwartungslosigkeit, des bittersten Hoffnungsschwundes? In einer Zeit der Weltangst?

Indem ich das sage, werden, so vermute ich, manche von Ihnen, den Ordensleuten, denken: Ach, schön wär's! Aber das sind wir ja alles nicht. Wir möchten es schon sein, aber wir sind es nicht. Wir sind keine besseren Christen, es geht so alltäglich bei uns zu ... Die Sehnsucht ist schon da, den Traum von der Gottesherrschaft auf Erden mitzuträumen, ihn ein Stück zu leben, ein bißchen Versuchs-Modell zu sein der neuen, von Christus gemeinten Gesellschaft; aber es bleibt halt ein Traum ... Ach, wir tragen diesen Schatz in zerbrechlichen Gefäßen! (2 Kor 4, 7).

Ist es wirklich nur ein Traum? Ob der Vater im Himmel, der ins Verborgene sieht, nicht mehr entdeckt? Ist der Sauerteig im Brot nicht auch ganz verborgen am Werk, bis alles durchsäuert ist?

Noch einmal: Gott träumt einen Traum: daß da ein Volk auf der Welt wäre, das ganz mit ihm lebte! Ein Volk, das ihm ganz vertraute, das in seiner Liebe und Gerechtigkeit lebte. Aber, das zeigt die Erfahrung: Nur Gott allein kann zuletzt diesen Traum Wirklichkeit werden lassen! Wir schaffen es nicht: das Reich des Friedens, der Brüderlichkeit, der Gerechtigkeit. Und selbst da, wo davon einmal etwas keimhaft gelingt, ist es immer ein Stück des Wunders

Gottes, sein Geschenk. Das Reich Gottes *kommt!* Die himmlische Stadt steigt hernieder!

Und so hört die Kirche nicht auf, Tag für Tag zu beten: „Dein Reich komme." Es komme deine Königsherrschaft.

Aber wir sind es, die Kirche, die den Traum Gottes weitergeben müssen. Wir werden immer wieder betroffen und beschämt sein, wie wenig wir den Traum Gottes mitleben. Aber er ist uns anvertraut als seine Kostbarkeit – und das ist unsere Erwählung! Darin zeichnet sich die Kirche aus – nicht daß wir besser sind, sondern daß uns Gottes Traum anvertraut ist: sein Geheimnis, das wir bezeugen wollen, bis er kommt in Herrlichkeit!

Die Christen sind dazu berufen – welch eine Berufung! –, in der Welt die größte, die eigentliche Hoffnung zu leben, tat- und wirkkräftig in der Welt zu leben: das Kommen des Gottesreiches, die Erfüllung des Gottestraumes für alle Menschen. Die Erfüllung jener großen Vision des Sehers von Patmos, die auf den letzten Seiten der Bibel aufgezeichnet ist: „Dann sah ich einen neuen Himmel und eine neue Erde ... Ich sah die heilige Stadt, das neue Jerusalem von Gott her aus dem Himmel herabkommen. Sie war bereit wie eine Braut, die sich geschmückt hat für ihren Mann. Da hörte ich eine laute Stimme vom Thron her rufen: Seht, die Wohnung Gottes unter den Menschen! Er wird in ihrer Mitte wohnen, und sie werden sein Volk sein. Und er, Gott, wird bei ihnen sein. Er wird alle Tränen von ihren Augen abwischen. Der Tod wird nicht mehr sein, keine Trauer, keine Klage, keine Mühsal. Denn was früher war, ist vergangen. Er, der auf dem Throne saß, sprach: Seht, ich mache alles neu!" (Offb 21, 1–5).

In jedem Menschen wohnt das Gute

Vor einigen Jahren habe ich einen amerikanischen Psychotherapeuten kennengelernt, der aus einer jüdischen Familie stammt. Als Junge von zwölf Jahren konnte er aus Deutschland entkommen; seine Eltern und Verwandten wurden ermordet. Dieser Arzt sagte mir: Ich war ein Mensch, der nur hassen konnte, ein Menschenverächter. Vor achtzehn Jahren lernte ich meine Frau kennen: sie hat mich verwandelt. Sie hat mich meine wichtigste „Lebenslehre" gelehrt, und seitdem habe ich angefangen, Wunder zu erleben, Wunder menschlicher Verwandlung. Diese Lebenslehre heißt: daran glauben, daß in jedem Menschen Gutes ist! Das darf nicht ein theoretischer Glaube bleiben. Man muß mit seiner eigenen überzeugten Erwartungshaltung dem Menschen, mit dem man es zu tun hat, sich zuwenden: In ihm ist das Gute, es verlangt danach, sich verwirklichen zu können.

Natürlich verbirgt sich das Gute im Menschen oft genug unter den seltsamsten Entstellungen und Verschüttungen. Aber, so sagte er, als Psychotherapeut habe ich gefunden, daß gerade in den seelischen Störungen, derentwegen mich die Patienten aufsuchen, ein verfremdetes Zeichen des Suchens nach Gutsein, Heilsein, Richtigsein erkennbar ist. Fragen Sie nicht lange danach, so meinte er, ob meine Voraussetzung richtig ist, praktizieren Sie sie einfach. Versuchen Sie, bei aller berechtigten kritischen Wachheit, dem Menschen mit dieser Einstellung, mit dieser Erwartungshaltung zu begegnen: In ihm ist das Gute! – und Sie werden sehen, daß die Art und Weise Ihrer Begegnungen mehr und mehr sich verwandelt. Wenn wir negativ von anderen denken, werden wir selber das Resultat zu spüren bekommen.

Die – oft verborgenen, unterbewußten – Erwartungen sind von unheimlicher Konsequenz.

In einer Notiz von Johannes XXIII. fand ich: „Es drängt mich, immer mehr der Güte des Herrn nachzueifern, der uns lehrt, alles von der guten Seite zu nehmen, niemals aufzuhören, zu verzeihen und Gutes zu tun. Meine Natur neigt dazu, eher die gute Seite der Menschen herauszufinden, statt Kritik zu üben und voreilige Urteile zu fällen. Jede Form von Mißtrauen, gegen wen auch immer, vor allem aber gegen die Kleinen, die Armen, die Geringen, jedes abwertende Urteil bereitet mir Schmerzen und tut mir im innersten Herzen weh."

Diese „Lebenslehre", die Johannes XXIII. hier so einfach für sich formuliert hat: „Die gute Seite des Menschen herauszufinden" – wenn wir uns mit ihr auf den Weg machen, vielleicht werden wir manche Entdeckung und Verwandlung erleben können. „Tiefes Glück, unter Dingen zu leben, die man eines nach dem anderen, durch einen Schlag mit dem Zauberstab aus der Verwünschung erlöst", dieser Satz aus Erhart Kästners „Zeltbuch von Tumilat" – sollten wir nicht, im Sinne unserer „Lebensregel", mit ihm zu leben versuchen, nicht nur unter den Dingen, sondern unter den Menschen? „Tiefes Glück, unter Dingen zu leben, die man, eines nach dem anderen, durch einen Schlag mit dem Zauberstab aus der Verwünschung erlöst."

Das Erhoffen für den anderen

Da lese ich: „Was aus einem Menschen wird, das hängt entscheidend mit davon ab, wie wir ihn sehen. Und was wir für den anderen mit ganzem Herzen erhoffen, danach streckt auch er selbst sich unwillkürlich aus" (Heinrich Spaemann). Ob wir diesem Wort aus unserer eigenen Erfahrung zustimmen können?

Ich denke an eine Studentin. In einem Gespräch mit ihr zeigte sich bald, daß sie unter einem bedrückenden Mangel an Selbstvertrauen litt. Ihre Eltern hatten ihr nie etwas Rechtes zugetraut. Oft hieß es in ihrer Kindheit: Das kannst du doch nicht! Deine Schwester kann das besser! Zum Studieren bist du nicht begabt genug. „Was aus einem Menschen wird, das hängt entscheidend mit davon ab, wie wir ihn sehen." Die Eltern sahen sie nur in ihren wirklichen oder vermeintlichen Untüchtigkeiten. Sie trauten ihr für die Zukunft nichts oder fast nichts zu. „Was wir *für den anderen* mit ganzem Herzen erhoffen, danach streckt auch er selber sich unwillkürlich aus." Da man nichts oder fast nichts für sie erhoffte, hatte sie auch nicht die Zuversicht, sich auf eine gute Zukunft hin auszustrecken. Sie traute sich selber nichts zu und blieb vergrämt in ihrem Selbstunwertgefühl stecken.

Vielleicht denken wir: Ich habe ganz andere Erfahrungen gemacht. Alle gute Zuwendung, alle gute Zu-Mutung hat den anderen nicht verwandelt, hat ihn nicht in gute Wegrichtung bringen können. Er hat es nicht aufgenommen, er hat es nicht angenommen.

Ja, es gibt gewiß auch diese Erfahrung. Selbst von Jesus hören wir, daß sein gutes Sehen – „er sah ihn an und gewann ihn lieb" – den reichen Jüngling nicht zu *der* Lebenswandlung brachte, die Jesus von ganzem Herzen für ihn erhoffte, ihm zu-mutete! Es gibt die „Freiheit" des anderen, es gibt das Übergewicht von Gebundenheit, Nichtoffenheit, Befangenheit, ja auch Verhärtung.

Und dennoch: wir sollten es nicht aufgeben, uns zu dieser guten Chance zu bekennen: „Was aus einem Menschen wird, das hängt entscheidend mit davon ab, wie wir ihn sehen!" Freilich muß unsere Erwartung für den anderen wirklich im anderen begründet sein und – von uns selber absehend – ihm aufrichtig zugewandt sein.

Wenn mein Sehen und meine Hoffnung zu den anderen hin gut sind, darf ich dann nicht vertrauen, daß sich mit ihm das Sehen und das Hoffen Gottes verbündet?

Es gibt eine Zuwendung, die so „töricht" ist, daß Paulus von ihr zu schreiben wagt: „*Alles* hofft sie!" Wie ein „Tor" glaubt er daran, das Gute auch da noch zu ermöglichen, wo es nach menschlichem Ermessen nicht mehr zu erwarten ist.

Die Verläßlichkeit des Wohlwollens

Vor einiger Zeit hatte ich ein Gespräch mit einem jungen Priester, der etwa drei oder vier Jahre in seinem Dienst ist. Er hat es sich besonders zur Aufgabe gemacht, für einsame Menschen dazusein, für Menschen, die in der Last des Lebens kaum jemanden haben, der sich um sie kümmert. Als ich ihn fragte, was denn in diesen drei, vier Jahren seine stärkste Erfahrung geworden sei, gab er zur Antwort: Ich habe den Eindruck, daß die Menschen, mit denen ich es zu tun habe, nichts mehr suchen als: die Verläßlichkeit des Wohlwollens. So nannte er es: die Verläßlichkeit des Wohlwollens. Und die Betonung lag auf Verläßlichkeit. Es handelte sich ja um Menschen, die vielleicht lange nicht mehr das aufrichtige Zugewandtsein eines anderen erfahren hatten. Sie hatten vielleicht manchen Grund, mißtrauisch zu sein, wenn da ein Mensch sich ihnen zuwandte. Wenn sie aber erkannten, daß aufrichtiges und absichtsloses Wohlwollen da war, dann fürchteten sie, die schon so oft Enttäuschten, den Augenblick, wo sie wieder einmal sagen müßten: Es ist kein Verlaß!

In jeden von uns ist dieser tiefe Wunsch: daß man sich verlassen kann auf die Zuwendung des anderen. Auf die Treue, die durchhält. Daß alles nicht nur eine flüchtige, vergeßliche Gebärde war …

Ich glaube, wenn ein Mensch nie die Verläßlichkeit des Wohlwollens und die Treue der Zuwendung eines anderen erfahren hat, dann wird es ihm auch sehr schwer werden, an die Verläßlichkeit und Treue *Gottes* glauben zu können.

Das aber ist *die* Botschaft der biblischen Offenbarung: die Verläßlichkeit Gottes, die Treue Gottes, des Barmherzigen, der mit uns seinen Bund geschlossen hat; die Treue Gottes, die in der Auferstehung Jesu von Nazaret für immer *das* Siegel ihrer Gültigkeit bekommen hat. Diese Treue Gottes, von der das Neue Testament sagt: „Wenn wir untreu sind – er bleibt treu" – das ist *die* frohe Botschaft: die Verläßlichkeit der Zuwendung Gottes!

Es scheint fast unmöglich zu sein, daß ein vereinsamter und enttäuschter Mensch einen Glaubenszugang zur Treue Gottes finden kann, wenn er nicht erfährt, daß es die Verläßlichkeit menschlicher Zuwendung gibt.

Ich spüre die Anfrage, die darin liegt. Die Frage nach meiner Verläßlichkeit und Treue.

„Was ist der Mensch, daß du an ihn denkst, des Menschen Kind, daß du dich seiner annimmst?"

(Psalm 8, 5)

Uralte Frage: Was ist der Mensch? Diese Frage verstummt nie. Gibt es keine Antwort?

Wir sehen die Nachrichten im Fernsehen. Abend für Abend die Bilder, was überall auf der Welt Menschen tun und sich antun – da kann diese Frage immer wieder da sein: Was ist der Mensch? Soviel Leid, soviel Bosheit, aber auch soviel wunderbares schöpferisches Werk! Wir schauen in die Menschheitsgeschichte, wir schauen in unsere eigene Geschichte – der Mensch ein Rätsel, das nicht zu lösen ist. Wir stehen am Krankenbett eines jungen Menschen. Noch vor ein paar Monaten blühendes Leben – und jetzt gezeichnet von völliger Hinfälligkeit. Wir haben uns von dem von der Todeskrankheit Gezeichneten verabschiedet, und auf dem Heimweg ist wieder diese Frage in uns: Was ist der Mensch?

Die Frage wandelt sich: Was bin ich? Auch diese Frage verstummt nie. Sie fragt nicht nach meinem Beruf, sondern geht viel tiefer. Ich stehe vor dem Spiegel und schaue mir selber in die Augen: Was bin ich? Wer bin ich denn eigentlich?

Auch der Psalm hat diese Frage: Was ist der Mensch? Wie mit großem Erstaunen läßt der Psalmbeter die Frage weitergehen: „Was ist der Mensch, daß du an ihn denkst, des Menschen Kind, daß du dich seiner annimmst?" Und wieder wandelt sich das Wort: Was bin ich, daß du an mich denkst, daß du dich meiner annimmst?

In der Frage steckt die Antwort: Er denkt an mich! Ich bin nicht verloren in Raum und Zeit! Ich bin nicht vergessen!

Er nimmt mich an! Er sagt ja zu mir! – Ein anderer Psalm (18) geht sogar soweit zu sagen: „Er hat an mir Gefallen!"

„... daß du an ihn denkst": Er denkt an mich. Und sein Denken ist praktizierte Liebe, denn Gott ist Liebe! Fast unglaublich will uns das vorkommen: der große ewige Gott – und ich, der winzige Mensch: Er denkt an mich, er nimmt mich an, er liebt mich!

Wer bin ich denn, daß er mich liebt? Bin ich denn liebenswürdig vor Gott? Warum liebt er mich? Die tiefste Begründung sagt Angelus Silesius in dem Vers:

> Gott ist des Lebens Buch.
> Ich steh in ihm geschrieben
> mit seines Lammes Blut –
> wie sollt er mich nicht lieben!

Das ist der tiefste Grund dafür, daß Gott liebend an mich denkt: Der Sohn Gottes hat sich für mich dahingegeben!

Mein Gott, ich danke dir, daß du an mich denkst. Ich danke dir, daß du mich annimmst. Gib mir die Kraft, aus diesem Dank heraus auch meinen Mitmenschen anzunehmen, den du annimmst, wie du auch mich angenommen hast.

„Siehe, ich stehe vor der Tür und klopfe an …“

(Offenbarung 3, 20)

Dieses Wort des erhöhten Herrn steht im letzten der sieben Sendschreiben an die Gemeinde von Laodizea:

3 14 An den Engel der Gemeinde in Laodizea schreibe: So spricht Er, der „Amen“ heißt, der treue und zuverlässige Zeuge, der Anfang der Schöpfung Gottes:
15 Ich kenne deine Werke. Du bist weder kalt noch heiß. Wärest du doch kalt oder heiß!
16 Weil du aber lau bist, weder heiß noch kalt, will ich dich aus meinem Munde ausspeien.
17 Du behauptest: Ich bin reich und wohlhabend, und nichts fehlt mir. Du weißt aber nicht, daß gerade du elend und erbärmlich bist, arm, blind und nackt.
18 Darum rate ich dir: Kaufe von mir Gold, das im Feuer geläutert ist, damit du reich wirst; und kaufe von mir weiße Kleider, und zieh sie an, damit du nicht nackt dastehst und dich schämen mußt; und kaufe Salbe für deine Augen, damit du sehen kannst.
19 Wen ich liebe, den weise ich zurecht und nehme ihn in Zucht. Mach also Ernst, und kehr um!
20 Ich stehe vor der Tür und klopfe an. Wer meine Stimme hört und die Tür öffnet, bei dem werde ich eintreten, und wir werden Mahl halten, ich mit ihm und er mit mir.
21 Wer siegt, der darf mit mir auf meinem Thron sitzen, so wie auch ich gesiegt habe und mich mit meinem Vater auf seinen Thron gesetzt habe.
22 Wer Ohren hat, der höre, was der Geist den Gemeinden sagt.

Die Gemeinde damals

Um diese Gemeinde von Laodizea hat sich schon Paulus sehr gemüht: „Ihr sollt wissen, was für einen schweren Kampf ich für euch und für die Gläubigen in Laodizea zu bestehen habe“ (Kol 2, 1; vgl. auch 4, 12–17).

Es ist die einzige von den sieben Gemeinden, die kein einziges Lob erhält.

Laodizea galt als eine der reichsten Städte der Alten Welt. Als um 60 n. Chr. die Stadt durch ein Erdbeben zerstört wurde, lehnte sie die von Rom angebotene Aufbauhilfe ab. Sie hatte genügend Eigenmittel und wehrte sich gegen die Einschränkung ihrer Unabhängigkeit. Ihre Textilindustrie, ihr Bankwesen und ihre Ärzteschule waren berühmt. Cicero etwa hat auf seiner Kleinasienreise seine Kreditbriefe in Laodizea in Bargeld umgetauscht.

Offenbar hat auch die Christengemeinde von diesem Reichtum profitiert. Sie ist wohl die reichste Christengemeinde damals in Kleinasien gewesen. So kannte sie wohl all die Gefahren der selbstzufriedenen Sattheit. Das schlimmste wird in Vers 17 deutlich: Sie weiß nicht, wie es um sie steht! Sie hat keine Distanz zu sich selbst.

Die Ratschläge, die die Gemeinde bekommt, sind der Situation in der Stadt angepaßt. In Vers 18 begegnen sie gebündelt. Jeweils mit der Aufforderung „Kaufe" wird an die merkantilen Verhältnisse erinnert: Das Gold verweist auf das Bankwesen, die Kleider auf die Textilindustrie, die Salbe auf die Arztschule. „... damit du reich wirst." Der jetzige Reichtum muß entlarvt werden. Der wahre Reichtum ist nur über den Weg der Läuterung zu finden. Er ist anderes als Geld. Vielleicht spüren wir in unserer Gesellschaft heute verstärkt, wie das Geld und das Kapital als Heil-mittel betrachtet und gesucht werden. Wer Geld hat, ist auch jemand. Nur entwickelt sich aus der ‚Verehrung' des Geldes leicht eine Eigengesetzlichkeit, die unter uns Menschen verwundend und zerstörend wirken kann. Das ‚Angeld des Heiligen Geistes', von dem Paulus spricht (s. 2 Kor 1, 22; 5, 5), bedeutet hingegen eine Umwertung aller Maßstäbe – eine Läuterung im Feuer der Liebe.

„... damit du nicht nackt dastehst". Nacktheit galt in der Antike als schlimmste Demütigung und Schande (vgl. die Kreuzigung), während prächtige Bekleidung als größte Ehre und Auszeichnung galt (vgl. den verlorenen Sohn).

„... damit du sehen kannst". Die Gemeinde soll hinfinden zur Selbsterkenntnis, wie es mit ihr steht, zur Lebenswahrhaftigkeit. Durch den Reichtum ist sie offenbar wie verblendet.

In Vers 18 sagt Christus: „Kaufe *von mir!*" Da allein ist der wahre Lebensreichtum zu finden, das wahre, geläuterte Gold. Das neue Kleid. Die sehenden Augen! Dieser Vers ist eine intensive Einladung, sich ganz zu Christus hinzuwenden.

Trotz des furchtbaren Gerichtswortes in Vers 16 („Ich will dich aus meinem Mund ausspeien") bleibt Christi werbende Liebe. Das zeigen vor allem Vers 19 („Wen ich liebe") und Vers 20, in dem geradezu eine Zartheit im Werben deutlich wird.

Wir fragen uns: Was heißt das: „Lauheit", weder kalt noch heiß sein – bei der Kirche, bei einer Gemeinde, bei einem Christen?

Vers 16 spricht vom „Ausspeien". Manchmal kann eine Lebenswende, eine Umkehr nur angestoßen werden durch eine harte, schockartige Diagnose. Wenn es eine Erschütterung bis in die Tiefen gibt. Man muß dieses Wort vom Ausspeien zusammen sehen mit dem Vers 19: „Wen ich liebe, den weise ich zurecht." Wohl nur so kann eine geistliche Erschütterung fruchtbar werden hin zu einer Erneuerung. Noch ein Hinweis zu Vers 14: Christus wird in diesem Brief der „Amen" genannt. Dieses Amen ist das Urprinzip der ganzen Schöpfung! Alles Geschaffene bleibt auf ihn bezogen. So heißt es in Kol 1, 16: „Alles ist auf ihn hin geschaffen." Ähnlich spricht 2 Kor. 1, 19f: „In Christus ist das Ja verwirklicht. Er ist das Ja zu allem, was Gott verheißen hat."

Ist Er, der das ‚Amen' ist, in dieser Gemeinde ausgesperrt, wie Vers 20 zeigt? Ist er draußen vor der Tür?

Wir wenden uns für unsere Meditation ganz dem Vers 20 zu: „Siehe, ich stehe vor der Tür und klopfe an. Wer meine Stimme hört und die Tür öffnet, bei dem werde ich eintreten, und wir werden Mahl halten, ich mit ihm und er mit mir."

Das ist ein Wort vom Kommen des Herrn. Wir kennen andere Worte der Schrift zu seinem Kommen: „Denn wie der Blitz zum Westen hin leuchtet, wenn er im Osten aufflammt, so wird es bei der Ankunft des Menschensohnes sein" (Mt 24, 27). Hier aber ist ein Wort ganz anderer Art. Er steht wartend, bittend, hoffend, leise anklopfend vor der Tür. Eine Zärtlichkeit des Werbens liegt darin – bei einer solchen Gemeinde, von dem, der die Mitte der ganzen Schöpfung ist, der ‚Amen' ist.

„Wer meine Stimme hört": Wir werden an das Wort Christi im Johannesevangelium erinnert in der Hirtenrede: „Sie werden meine Stimme hören" (Joh 10, 16). Oder von dem „Bei dem werde ich eintreten" spannt sich der Bogen zu dem Wort aus Joh 14, 23: „Wir werden zu ihm kommen und bei ihm wohnen."

Das Sendschreiben an Laodizea ist von erschreckender Richterlichkeit. Und der Sprechende nennt sich „der Amen", der Unbedingte! Und *dieser* Absolute steht wartend vor der Tür. Damit deutet sich an, was Richterlichkeit meint: Da, wo wir ihn aussperren, wo wir seine Einladung ausschlagen, ziehen wir uns ihn als Richter zu. Wer die Lebensgemeinschaft mit ihm ausschlägt, schlägt das Leben aus. Wer sich dem Angebot, das Jesus Christus ist, verschließt, verurteilt sich selbst zu einem hoffnungslosen Dasein. Er richtet sich selbst (hin).

Es ist ein Wort vom Kommen des Herrn. Welches Kommen ist gemeint? Es gibt zuletzt nur *ein* Auf-uns-Zukommen des Herrn, immerfort, das sich einmal vollendet. Und er wartet darauf, daß auf der Seite des Jüngers jene Wachsamkeit ist, von der sein Wort spricht: „So sollt ihr Menschen gleichen, die ihren Herrn erwarten ..., damit sie ihm, wenn er kommt und anklopft, sogleich öffnen können" (Lk 12, 36). Und das andere: „Selig die Knechte, die der Herr wach findet, wenn er kommt. Amen, ich sage euch: Er wird sich gürten, sie am Tisch Platz nehmen lassen und sie der Reihe nach bedienen" (Lk 12, 37). So ernst nimmt er uns. Sein Kommen ist von großer Demut. Denn er will nichts als unser Leben.

Im vorangehenden Sendschreiben an die Gemeinde in Philadelphia war auch ein Bildwort von der Tür: „Ich habe vor dir eine Tür geöffnet, die niemand mehr schließen kann." *Er* gewährt die offene Tür, den Zugang zum Heil – in souveräner Vollmacht. Hier aber wandelt sich das Bild: Er selber, der Herr, steht vor der Tür und erbittet Einlaß in den Lebensraum und Daseinsraum der Gemeinde und des einzelnen. In dem Verhältnis Christi zu uns gibt es eine *Wirklichkeit,* die der Aussage dieses Bildwortes entspricht! Er kommt auf unser Leben zu in einer Art „Demut": in der Eucharistie, in der Gestalt des Brotes, in der Gestalt von etwas Alltäglichem und Unscheinbarem. (Darum ist es zutiefst sinnvoll, wenn das Wort aus dem Vers 20 als Einladung zur Kommunion gesprochen wird.) Er kommt auf uns zu in einer Weise des Werbens, die man mit Worten fast nicht mehr aussagen kann. Er gibt uns Zeichen ... leise, hoffend ... – sein Anklopfen.

Das Wort wird einer Gemeinde gesagt, die im Kreis der sieben Empfänger der Sendschreiben den schärfsten Tadel empfängt (V. 16). Und so ist in unserem Bildwort die suchende Liebe anwesend, die nicht aufgibt, die dem Verlorenen und Gefährdeten nachgeht, wie der gute Hirt. Er gibt keinen auf! „Alle, die ich liebe, überführe ich" – aber wie geschieht das – dieses „Überführen" des Verschlossenen? G. Bernanos sagt einmal, Gott begehre seine Geschöpfe mit einer Sehnsucht, deren mindeste Vorstellung uns zu Staub zermalmen würde. Darum habe er diese Sehnsucht in die verhüllte Liebe Jesu versenkt. Diese Verhaltenheit der Liebe und Sehnsucht des Herrn, die den Menschen nicht übermächtigen will, sondern die in ihm die freie, personale Antwort, das freie Ja, wecken will, in dem allein ein Du-sagen möglich wird, spricht aus diesem Bildwort der Offenbarung.

„Wer meine Stimme hört." Wer ist in diesem Daseinsraum? Man kann da sein, aber das Dasein ist nicht geöffnet. Es ist sich selbst genügend. „Du behauptest: Ich bin reich und wohlhabend, und nichts fehlt mir" (V. 17a). Keine Bedürftigkeit! Keine Sehnsucht! Das Leben hat keine Richtung, es begibt sich in sich selbst. So ist es dann auch nicht gerichtet auf *diese* Zu-kunft, auf diesen Zu-kommenden, und hört seine Schritte nicht und seine Stimme und sein Anklopfen nicht. „Nichts fehlt mir." Die wörtliche Übersetzung ist noch genauer: ‚Ich habe niemanden nötig!'

Viele Gestalt solchen Lebens gibt es: „Wir können auch gut so leben. Wir brauchen das nicht." Vielen fehlt scheinbar nichts, wenn ihnen die Ausrichtung auf den Zu-kommenden fehlt. Nicht nur die Sattheit von Reichtum und Wohlstand, die es vergessen machen: „Du weißt aber nicht, daß gerade du elend und erbärmlich bist, arm, blind und nackt" (V. 17). Die schlimmsten Verluste sind die, die nicht mehr verspürt werden. – Die Ausgegossenheit, die keine Tiefe mehr aufkommen läßt („Wir amüsieren uns zu Tode"), das Hierhin und Dorthin unruhiger Zerstreuung, die permanente Ablenkung. Es gibt einen praktischen Atheismus durch Ablenkung: Gott verschwindet, ganz ohne Entscheidung. Aber auch das Sich-Zersorgen im Lebenskreis des Alltags voller „Uneigentlichkeit", in dem wir nicht mehr anwesend sind, nicht mehr bei uns selbst sind. Und so sind wir nicht zu Hause für den, der kommt. Er findet uns nicht. („Ich kenne euch nicht" wird er einmal sagen, wenn wir „aus den vier Winden", aus aller Zerstreuung heimgeholt werden ...)

Vielleicht *auch* ein Leben, das ganz in sich ‚gerundet' ist, ohne jede Wunde, in langer Einübung ‚pflegeleicht' gemacht, ohne jeden Riß, scheinbar heil in sich stehend, jedes Kreuz abweisend. Aber in der Gefahr, die Stimme zu überhören, die das Dasein öffnen will zu einer Fruchtbarkeit, welche nur vom Kreuz her kommt.

Wer ist in diesem Lebensraum, an dem Er anklopft? – Es gibt die Lebenslüge, in der der Mensch, sich selbst täuschend, nicht mehr sehen will, daß sein Leben zu einer tiefen Unaufrichtigkeit verschattet ist, die klaren Konturen verloren hat. Er hat die gute Distanz zu sich verloren, er ist blind für sich selbst.

„Weil du aber lau bist" – die Halbheit und Unentschiedenheit, in der der Mensch sein Angewiesensein auf Gott nicht mehr wahrnimmt, weil er seine Bedürftigkeit immer schon selbst zu stillen und zu überdecken weiß und mit den vielen Vorläufigkeiten, die immer zuhanden sind, zustopfen kann. Er sagt möglicherweise weiterhin „Gott", aber es ist zur Worthülse verkommen.

Nicht der ist von diesem richterlichen Wort des Herrn getroffen, der um diese Halbheit seines Lebens weiß, der sie als seine Armut erkennt, der dennoch immer wieder vor dem auf ihn zukommenden Herrn bekennt: „Herr, du weißt alles ..."

Kardinal Newman läßt Christus einmal in einer Predigt sagen: „Wenige werden bereit sein, mir sogleich zu öffnen, wenn ich an die Pforte klopfe. Sie werden immer noch etwas zu tun haben, bevor sie aufmachen; sie werden nicht schon bereit sein, sondern müssen sich erst vorbereiten. Sie müssen sich von der Überraschung und Verwirrung erholen, in die sie die Nachricht von meiner Ankunft versetzt hat; sie werden etwas Zeit brauchen, um wieder zu sich zu kommen und sich ihre besten Gedanken und reinsten Absichten ins Gedächtnis zurückzurufen. Sie fühlen sich wohl, so wie sie sind, und haben keine Einwände dagegen zu erheben. Sie sind zufrieden, auf der Erde zu sein: Sie wünschen sich nicht, anderswohin zu gehen; sie möchten sich nicht verändern."

„... und die Tür öffnet": Christus will nicht in einen Raum eintreten, der ihm fremd bleibt. Er will in einen Lebensraum eintreten, der ihm anvertraut wird. Er will sich selbst in diesem Lebensraum dem Menschen anvertrauen. Darum muß ihm aufgetan werden.

„Bei dem werde ich eintreten, und wir werden Mahl halten, ich mit ihm und er mit mir": Zeichen tiefster Begegnung und Gemeinschaft und des Austausches von Du zu Du. Der Raum des Menschen, vielleicht eng und arm, weitet sich unendlich in dieser Begegnung. Genau diese Weitung des Raumes hat Rembrandt in seinem Emmausbild zu malen versucht.

Auch Augustinus hat in seinem Beten diese Weitung des Raumes ersehnt:

Höre, Herr, mein Rufen.

Ich will dich suchen, Herr, im Rufen nach dir und will zu dir rufen im Glauben an dich. Ich will dich suchen, daß meine Seele lebe. Denn du hast uns auf dich hin geschaffen, und ruhelos ist unser Herz, bis es ruhet in dir.

Was bist du mir? Ich selbst, was bin ich dir, daß du von mir geliebt zu werden wünschest? Sag mir um deiner Erbarmungen willen, Herr, mein Gott, was du mir bist! Sprich zu meiner Seele: Ich bin dein Heil. Sprich so, daß ich's höre! Siehe die Ohren meines Herzens vor dir, Herr, öffne sie und sprich zu meiner Seele: Ich bin dein Heil. Herlaufen will ich hinter dieser Stimme und dich ergreifen. Verbirg nicht vor mir dein Antlitz. Sterben will ich: nicht um zu sterben, sondern es zu schauen. – Zu eng ist das Haus meiner Seele, als daß du zu mir kämest: es werde ausgeweitet von dir. (Confessiones I/15).

„Ich mit ihm und er mit mir!" Wir geben das Unsrige: Nicht irgend etwas, eine Leistung, eine Tat, ein Werk, sondern das Ganze des Lebens. Schiller sagt einmal: „Gemeine Naturen zahlen mit dem, was sie tun, edle mit dem, was sie sind."

Es scheint in diesem Vers 20, als wäre der Mensch der Gastgeber. Aber über dem Mahl, über der Begegnung erkennt der Mensch immer tiefer, daß er der Begnadete, der Beschenkte ist, der alles empfängt: „Wir werden kommen und Wohnung bei ihm nehmen!" „Selig die Knechte, die der Herr wach findet, wenn er kommt. Amen, ich sage euch: Er wird sich gürten, sie am Tisch Platz nehmen lassen und sie der Reihe nach bedienen" – mit sich selbst!

Dieses Wort ist zu einer *Gemeinde* gesagt *und* zu dem einzelnen. Aber der Herr kommt nicht zu dem einzelnen als einzelnen, er kommt zur versammelten Gemeinde, er kommt zu den Brüdern und Schwestern. Er kommt nicht zu dem, der zwar zusammengekommen ist mit den anderen und der doch vereinzelt bleibt, ein jeder für sich. Es gibt Worte in unserem Glauben, die müssen in der Einzahl gesprochen werden – wie ‚credo', ‚ich glaube', oder ‚confiteor', ‚ich bekenne', oder ‚adsum', ‚ich bin da' – aber in der Gemeinde!

„Siehe, ich stehe vor der Tür ..." In einer ‚Marburger Predigt' zu diesem Wort im Sendschreiben an die Gemeinde von Laodizea sagt R. Bultmann: „Es ist ein weckender, aufrüttelnder Ruf, und sein Sinn ist, kurz gesagt: Diese Welt ist nicht die Welt allein! Diese unsere Welt hat ihren verborgenen Hintergrund, den wir zu vergessen pflegen. Und aus diesem Hintergrund kann, ja wird eines Tages eine Macht hervorbrechen zum Gericht oder zum Heil – je nachdem wir für sie bereit sind. Seid eingedenk dieses verborgenen Hintergrundes ...! Seid dessen eingedenk, was allen bevorsteht! ... Seid dessen eingedenk, daß ihr euch nicht selbst gehört!"

Ja, es ist ein Weckruf für dich und für mich. Wach zu sein auf den hin, der auf dein/mein Leben zukommt. Der der einzige ist, in dem dein/mein Leben seine letzte und bleibende Erfüllung finden kann.

Ob dieses Wort nicht auch die Freude in mir wecken kann? „Freut euch, der Herr ist *nahe*„ (Phil 4, 4f)! Seine Stimme, die Stimme des Bräutigams (Joh 3, 29), die Stimme des Freundes, die Stimme des Bruders. Die Stimme meines Erlösers. Laßt uns zu denen gehören, die sein Kommen lieben, „die sehnsüchtig auf sein Erscheinen warten" (2 Tim 4, 8). Er klopft an das Haus deines/meines Lebens. Du hast schon lange und immer auf ihn gewartet. „Maranatha" – Komm, Herr Jesus (Offb 22, 20)!

Zur Besinnung

1. Wie verstehe ich das für mich: „Seine Stimme hören"?
2. Was verstellt bei mir die Erfahrung seiner Stimme?
3. Wie kann *ich* das tun, ihm die Türe zu öffnen?
4. Kenne ich etwas von der Erfahrung, die in dem Bildwort des Mahles mit ihm ausgesagt ist, – etwas von der Erfahrung der Verbundenheit mit ihm, der Freude, mit ihm zusammen zu sein?
5. *Mein* Du-Gebet mit diesem Wort: „Siehe, ich stehe vor der Tür und klopfe an: Wer meine Stimme hört und die Tür öffnet, bei dem werde ich eintreten, und wir werden Mahl halten, ich mit ihm und er mit mir."

„Sie freuen sich, daß Gott an sie gedacht hat"

Predigt zum 2. Adventssonntag – C (7. 12. 1985):

Baruch 5, 1–9

Als das Volk Israel 500 Jahre vor Christus aus der babylonischen Gefangenschaft heimkehrte, mußte es die Erfahrung machen: Wir leben wie ein winziges, verlorenes Volk überall verstreut unter den großen mächtigen Völkern der Heiden. Sie mußten sich wirklich wie verloren vorkommen. Aber da geschieht das Unerwartete: Sie verzagen nicht, sie geben nicht auf, sie werden nicht mutlos. Denn sie machen eine wunderbare Erfahrung in ihrem Glauben. In der heutigen Lesung aus dem Propheten Baruch steht der Satz: „Sie freuen sich, daß Gott an sie gedacht hat!"

Was ist das für ein Wort? Mitten in der Verlorenheit einer säkularisierten Welt macht das Volk Gottes die Erfahrung: Gott hat an uns gedacht! Gott vergißt uns nicht!

Wenn ein Mensch einmal in einer elenden Situation ist, wenn er fremd unter fremden Menschen lebt, und wenn er dann weiß: ein Mensch, der mich liebt, denkt an mich, wartet auf mich – dann hat er mitten in der Fremde ein Stück Heimat.

Und hier heißt es vom Gottes Volk: „Sie freuen sich, daß Gott an sie gedacht hat." Es geht ihnen in ihrem Glauben auf, ja es wird ihnen im Glauben zur sicheren Erfahrung: Gott vergißt uns nicht! Und diese Erfahrung bedeutet für sie: Wir leben, mitten unter den Heiden, als das Volk, das weiß: Wir alle gehen auf ein wunderbares Ziel zu! Unser Leben hat einen Ewigkeitssinn! Der Prophet Baruch sagt es in dieser Lesung mit den Worten: „Leg ab das Kleid deiner Trauer und deines Elends, bekleide dich mit dem Schmuck der Herrlichkeit, die Gott dir für immer verleiht. Leg den Mantel der göttlichen Huld an!" Und die Lesung endet mit

den Worten: „Gott führt Israel heim in Freude, im Licht seiner Herrlichkeit; Erbarmen und Gerechtigkeit kommen von ihm!"
Diese Worte sind zu uns gesprochen! Wir sind gemeint! Gott hat in Jesus Christus wunderbar an uns gedacht! Wir sind nicht verloren, auch wenn wir uns selber immer wieder verlieren. Der Advent sagt es uns mit starkem Zuruf: Gott hat an uns gedacht! Gott ist uns in Jesus Christus ganz nahe! –

Haben Sie in Ihrem Leben noch nie eine Stunde gehabt, in der Sie gesagt haben: Ich bin froh, daß Gott an mich gedacht hat, daß Gott an mich denkt? Wo Ihnen in Ihrem Herzen aufgegangen ist: Gott ist da! Er gibt meinem Leben Sinn und Zukunft?

Ich möchte Ihnen das Bekenntnis sagen: Ich kann mir nicht vorstellen, was mein Leben wäre, wenn ich dies nicht sagen könnte: Ich freue mich, daß Gott an mich gedacht hat! Ich könnte mir nicht vorstellen, wie leer und hohl mein Leben wäre, wenn ich nicht glauben könnte: Gott kennt mich! Ich bin von Gott unendlich geliebt!

Gott ist uns ganz nahe! Gott wohnt in jeden von uns! In jedem von uns, den Getauften, wohnt Gottes Herrlichkeit! In einem Gebet der heiligen Teresa von Avila spricht Gott zum Menschen:

„Du bist mein Haus und meine Bleibe,
bist meine Heimat für und für:
Ich klopfe stets an deine Tür,
daß dich keine Trachten von Mir treibe.
Und meinst du, Ich sei fern von hier,
dann ruf Mich, und du wirst erfassen,
daß ich dich keinen Schritt verlassen:
und, Seele, suche Mich in dir.

„Sie freuen sich, daß Gott an sie gedacht hat." Liebe Christen, laßt uns heute am 2. Adventssonntag ganz froh werden in der Gewißheit: Gott denkt an uns! Gott denkt an jeden von uns mit unendlicher Liebe, mit unendlichem Erbarmen!

„Leg ab, Jerusalem, das Kleid deiner Trauer. Bekleide dich mit dem Schmuck der Herrlichkeit, die Gott dir für immer verleiht: Leg den Mantel der göttlichen Huld an!" Freue dich, daß Gott an dich gedacht hat. Amen.

Das Jesus-Christus-Atemgebet

Er, der nichts tat, regierte dennoch gut – denn was tat er? Nichts, als mit dem Gesicht gen Süden ehrerbietig sich verhalten.

Konfuzius über den Herrscher der Urzeit

Wir träumen von Reisen durch das Weltall: ist denn das Weltall nicht in uns? Die Tiefen unseres Geistes kennen wir nicht. – Nach innen geht der geheimnisvolle Weg. In uns oder nirgends ist die Ewigkeit mit ihren Welten, die Vergangenheit und Zukunft.

Novalis

Nicht wenige Menschen unserer Tage haben Meditationsübungen gelernt, die ihnen in der Zerrissenheit und Beanspruchung unserer Lebenswelt gute Hilfe bieten. Viele dieser Meditationsweisen sind von Asien her angeregt worden. Manche, die solche Meditationsübungen täglich vollziehen, bekennen, daß dieses Exerzitium ihnen etwas an Gelassenheit und Ruhe vermittele; daß sie mehr zu sich selbst gefunden hätten; ja daß sie einen stärkeren Sinn für das Transzendente, für das Göttliche bekommen hätten.

Für gewöhnlich wird man dieses Meditieren, so hilfreich es sein mag, noch nicht Gebet nennen können, Begegnung mit dem Du Gottes. Und es ist zu fragen – sofern diese Übungen asiatischen Ursprungs sind –, ob sie von ihrem weltanschaulichen Ursprung und Hintergrund ablösbar sind; ob durch sie der abendländische, aus christlichem Wurzelboden stammende Mensch möglicherweise nicht auch verfremdet werden kann.

Gibt es christliche Meditationsweisen, die ähnlich wie die oben gemeinten, sehr einfach sind, den Menschen im guten Sinne zu sich selbst führen? Mehr noch: ihn vor Gott kommen lassen? Ihn mehr zur Liebe erschließen? Meditationsweisen, die Gebet im christlichen Sinne sind? Ein christliches Exerzitium, das im heutigen Alltag täglich getan werden kann, ohne daß es eine neue Anstrengung wird zu allen schon geforderten Anstrengungen hinzu? Das nicht nur mit dem Kopf getan wird, sondern ganzmenschlich und daher Verwandlungskraft hat?

Die christliche Überlieferung kennt viele dieser Gebetsweisen. Zum Teil sind sie in Vergessenheit geraten unter dem Sog der rasenden Entwicklung nach außen hin. Eine dieser Meditationsweisen wird hier vorgelegt. Sie geht auf eine uralte Tradition zurück und ist auf der Brücke von Asien zum Abendland entstanden. Es ist eine Entfaltung des Jesusgebetes, des Herzensgebetes. Es kann zum „wesentlichen Gebet" führen, das heißt, es kann den Übenden aus seinem christlichen Wesensgrund beten lassen.

Die Praxis der Jesus-Christus-Meditation

Nimm dir *jeden Tag* eine bestimmte Zeit für dieses Exerzitium. Es ist viel besser, dafür eine feste Zeit zu nehmen, als jeden Tag neu nach einer geeigneten Zeit für dieses Gebet zu suchen. Nicht gut geeignet ist die Zeit unmittelbar nach den Mahlzeiten oder der späte Abend, wenn die Ermüdung schon groß ist.

Die Zeitdauer: 7 Minuten (für den Anfang), 30 Minuten als Optimum.

Suche einen Raum auf, wo du ungestört bist.

Beginne stehend, zum Kreuz hingewandt, mit einem ehrfürchtigen Kreuzzeichen.

Setze dich hin, ruhig und entspannt; entweder im sogenannten Zen-Sitz oder im Fersensitz oder auf einen Stuhl, auf dem du aufrecht sitzen kannst. Erhöhe unter Umständen den Stuhl durch ein Kissen, so, daß die Knie etwas tiefer sind als das Becken. So kannst du besser in der Zwerchfell-Atmung atmen, in der der Atem frei und ruhig strömen kann. Das Gebet soll ja auch leibhaftig vom ganzen Menschen vollzogen werden; und der Atem ist Symbol und Medium des Lebens („Gott hauchte ihm den Lebensatem ein" Gen 2, 7).

Der königliche Weg zur großen Gelöstheit ist die rechte Übung des Atems. Hier ist er nicht als eine Einrichtung zum Lassen und Holen von Luft zu verstehen, sondern als der große Rhythmus des Sich-Öffnens und Sich-Wieder-Schließens; Sich-Hergebens und Sich-wieder-Zurückempfangens. Immer steht am Anfang der Übung, sich im Ausatmen loszulassen. Genauer gesagt: sich im Ausatmen „oben" loszulassen und sich in der Leibesmitte niederzulassen, um dann ohne eigenes Zutun den Einatem einfach zuzulassen.

Der Übende durchwandert von Kopf bis zu den Füßen seinen Innenleib, immer sich am Ende des Ausatmens dort, wo er gerade ist, loslassend. In dieser Übung, wo sie planmäßig wiederholt wird, lösen sich uralte Spannungen. Abbau der Spannungen in den Schultern als Ausdruck des Mißtrauens gegen die bedrohende Welt; Abbau der Spannungen in der Höhe des Herzens und des Magens als Ausdruck des Mißtrauens gegen die verdrängte Emotionalität; Abbau der Spannungen im Unterleib als Ausdruck des Mißtrauens gegen die Tragkraft des Bodens, auf dem man sich bewegt.

Karlfried Graf Dürckheim

Lege deine Hände zu einer nach oben geöffneten Schale zusammen, oder lege sie nach oben geöffnet auf deine Knie.

Versuche, im Atmen ganz ruhig zu werden. Ob man mehr gesammelt sein kann, wenn die Augen geschlossen oder wenn sie geöffnet sind, wird man selber erfahren müssen.

Bete zuerst: „O du seligstes Licht, fülle des Herzens Tiefe" (O lux beatissima, reple cordis intima).

Jetzt beginnt die eigentliche Jesus-Christus-Meditation. Sprich innerlich den Namen „Jesus-Christus" (ohne jeden Zusatz). Mein Vorschlag ist: das Ausatmen mit „Jesus" zu verbinden, das Einatmen mit „Christus". „Jesus" ist Menschheit – mit Jesus sich loslassen und einlassen in die Hand des Vaters (= ausatmen). „Christus" ist österliches Leben – im Geiste Christi neu werden, aufleben, weit werden (= einatmen). Immer wieder, langsam im Rhythmus deines Atems, ohne Anstrengung, mit dem Atmen einschwingen in das innerliche Beten dieses heiligsten Namens.

(Es gibt auch den Vorschlag, Jesus beim Einatmen und Christus beim Ausatmen zu „denken"; vgl. Emmanuel Jungclaussen OSB, Das Herzensgebet – eine ostkirchliche Meditationsmethode. In: Thomas und Gertrude Sartory, Erfahrungen mit Meditation. Herderbücherei Band 588).

Eine längere, vom Athos herkommende Formel lautet: Beim Einatmen: „Herr Jesus Christus", beim Ausatmen: „erbarme dich meiner". Oder: Jesus – Du. Jesus beim Einatmen, Du beim Ausatmen.

Für dieses Jesus-Christus-Gebet schlage ich folgende Formen vor:

1. Verzicht auf jede gewollte Inhaltlichkeit. Beim Jesus-Christus-Atemgebet alle aufkommenden Assoziationen, Gedanken, Gefühle, Bilder, Vorstellungen immer wieder loslassen. Ganz still werden im innerlichen Beten des heiligsten Namens. Darauf vertrauen, daß der Geist Christi in mir, dem Getauften, zum Vater betet – dies zulassen, selber ganz zurücktretend.

Ein „armes", passives Beten, das nicht selber etwas erreichen will; das darauf vertraut, daß im Innern, in der innersten Kammer der „Seelenburg", im „Seelengrund" sich die wahre Verwandlung vollzieht, die mich einbeziehen will in die dreifaltige Liebe.

Wenn Gedanken und Bilder auftauchen, sie ruhig wieder loslassen und neu „hinlauschen" auf den inneren Klang, auf den inneren Hauch des Wortes „Jesus Christus." Auch wenn während der ganzen Zeit nur wenige Augenblicke eines freien, „ungegenständlichen" Betens dagewesen sind, ist es gut gewesen.

Ich halte in diesem Beten gleichsam nur „den Saum seines Gewandes" und lasse an mir die heilende Verwandlung geschehen. Die eigentliche Wirkung dieses Betens ist unmerklich, wenn auch, psychologisch, eine Wirkung erkennbar sein sollte: Ruhe, Gelassenheit – und: mehr lieben können!

Nichts erreichen, machen wollen. Sich dem Geist Gottes, dem „Finger Gottes, der uns führt", überlassen. Im „Gotteslob" steht die Liedstrophe:

> Du stille Macht, du verborgne Kraft,
> Geist des Herrn, der in uns lebt und schafft,
> wohne du uns inne, uns anzutreiben;
> bete du in uns, wo wir stumm bleiben.

2. Schau bei diesem Gebet auf das Kreuz. Bei „Jesus" zur Kreuzmitte hin ausatmen, bei „Christus" einatmen (und weitwerden wie die Kreuzbalken sich weiten).

3. Die „Pfingstmeditation" – so möchte ich diesen Vorschlag nennen.

Im dritten Kanon der Messe heißt es: „...in der Kraft des Heiligen Geistes erfüllst du die ganze Schöpfung mit Leben und Gnade."

Pfingsten ist ein kosmisches Ereignis. Die ganze erlöste Schöpfung ist verborgen durchstrahlt von dem Leben, vom Geist des österlichen Christus.

Im schweigenden Beten des Jesus-Christus-Atemgebetes öffne ich mich für diese heiligen Kräfte seines Geistes: daß sie mich durchströmen und erfüllen.

Ich kann diese „Pfingstmeditation" auch zur Fürbitte werden lassen: ich wünsche, daß die Kräfte des Heiligen Geistes Jesu Christi durch mich hindurch zu anderen strömen mögen, ihnen geschenkt werden.

Zum Abschluß der Meditation verneige ich mich oder mache stehend ein Kreuzzeichen.

2

Wie wir das Leben finden

*

Spuren der Menschwerdung

„Der Weg wächst im Gehen unter deinen Füßen, wie durch ein Wunder"

(Reinhold Schneider)

Als ich dieses Wort fand, erinnerte ich mich eines ähnlichen Wortes von Manès Sperber, in welchem er eine für sein Leben bestimmende Erfahrung ausdrückt: „Zu den Gleichnissen, die ich seit Jahrzehnten am häufigsten in Romanen, Essays und Vorträgen benutzt habe, gehört eines, in dem es sich um eine Brücke handelt, die nicht existiert, sondern sich Stück um Stück unter den Schritten dessen ausbreitet, der den Mut aufbringt, seine Füße über den Abgrund zu setzen... Der werdende, doch nie vollendete Mensch auf der Brücke, die nur so weit reicht wie sein Mut, somit nie weit genug, ist der Held und Unheld all meiner Bücher geworden."

Und noch ein anderes Wort kam mir in den Sinn. Es ist von dem spanischen Dichter Antonio Machado (1875–1939):

Wanderer, nur deine Spuren
sind der Weg, sonst nichts;
Wanderer im Wegelosen,
Schritte werden Weg.
(Übersetzung von Erika Lorenz)

Wir kehren zurück zu dem Wort von Reinhold Schneider: „Der Weg wächst im Gehen unter deinen Füßen, wie durch ein Wunder."

Dieses Wort ist nur wahr, wenn es von zwei Voraussetzungen getragen ist: vom Gehorsam und vom Vertrauen. Vom Gehorsam: hörend auf die innere Wahrheitsstimme, die in jedem Menschen ist; die Zeichen wahrnehmend, die mir auf dem Weg im Weglosen gegeben werden. Vom Vertrauen: daß das Ziel da ist; daß wir nicht ausgesetzt bleiben im Ewig-Wegelosen; daß verborgen ein Anderer mitgeht! – Sonst bleibt das Gehen im Wegelosen ein blindes Abenteuer.

„Der Weg wächst im Gehen unter deinen Füßen, *wie durch ein Wunder*“: Das ist das Wunder, daß im Ausschreiten dem Gehorsamen und Vertrauenden immer wieder ein Stück Weg geschenkt wird: bis er ankommt!

Es ist gut, als Wanderer im Weglosen die Stimme Christi zu hören: „Ich bin der Weg!“

Wenn ich *so* gehe, werden meine Spuren zum Weg für andere.

In der Spur Jesu gehen

Bei dem Dichter Friedrich Rückert (1788–1866) fand ich diesen Vers:

> Du bringst nichts mit hinein,
> du nimmst nichts mit hinaus,
> laß eine goldene Spur
> im alten Erdenhaus.

Das, was die beiden ersten Zeilen sagen, steht im Buch Ijob so:

> Nackt kam ich heraus aus dem Schoß der Mutter,
> nackt kehre ich in den Schoß der Erde zurück. (1, 21)

„Du nimmst nichts mit hinaus" – ein altes Wort sagt: „Wenn man dich zum Friedhof trägt, kümmert dich nicht mehr das, was du hast, mitnehmen wirst du nur das, was du gegeben hast."

„Laß eine goldene Spur im alten Erdenhaus" – wie tut man das, daß etwas Leuchtendes von uns zurückbleibt? Es darf ja nicht so sein, wie es in einem Vers bei Dante zu lesen ist:

> Du läßt auf Erden keine anderen Spuren
> Als Rauch in Lüften oder Schaum auf Wellen.

Vielleicht denken wir, wir müßten ein Werk schaffen, von dem die Menschen reden werden, wir müßten uns einen Namen machen. Aber wie ist es mit den Vielen, die keinen Namen in der Welt haben, die keinerlei Denkmal bekommen, die bei den Menschen bald ganz vergessen sind? Wie ist es mit den vielen Verborgenen?

Es gibt eine goldene Spur, die wie eine Goldader im Gestein den Augen der Menschen verborgen ist, die aber vor den Augen Gottes leuchtet: Überall, wo ein Mensch in der Spur Jesu zu gehen versucht, leuchtet sie unvergessen vor Gott! Und einmal wird sie auch allen Menschen sichtbar sein.

Was ist die Spur Jesu? Im Evangelium finden wir sie. Es genügt, einer einzigen Spur Jesu zu folgen, z. B.: „Richtet nicht, so werdet ihr nicht gerichtet werden!" (Mt 7, 1). Wenn wir nur dieser Spur Jesu folgen würden – sie würde in Ewigkeit nicht verwischt werden.

Ist der Weg Jesu für uns spurensicher? Francisco de Osuna, geistlicher Meister im 16. Jahrhundert, schreibt: „Willst du Christus folgen, mußt du aber wissen: Inzwischen fiel Schnee auf seine Spuren." Die Menschen haben die Spur Jesu zugedeckt. Wir müssen das Ohr nahe am Wort des Evangeliums haben, um immer neue Wegweisung zu erfahren.

Jesus-Christus-Verwandtschaft

I

Jesus sagt: „Ich sage euch: Wer sich vor den Menschen zu mir bekennt, zu dem wird sich auch der Menschensohn vor den Engeln Gottes bekennen. Wer mich aber vor den Menschen verleugnet, der wird vor den Engeln Gottes verleugnet werden" (Lk 12, 8–9).

Und im Sendschreiben an die Gemeinde von Sardes in der „Offenbarung" sagt der erhöhte Herr: „Wer siegt .. ich werde mich vor meinem Vater und vor seinen Engeln zu ihm bekennen" (Offb 3, 5).

Einmal wird mein ganzes Leben offen vor Gott liegen und vielleicht auch vor den Augen der Auferstandenen, die einst auf Erden zu mir in Lebensbeziehung standen. Dann kann ich nichts mehr verbergen. Wird Christus dann zu mir das schreckliche Wort aus seinem Gleichnis sagen: „Ich kenne dich nicht!"? Oder werde ich sein Wort hören dürfen: „Kommt her, die ihr von meinem Vater gesegnet seid!"?

Jesus sagt: „Wer sich vor den Menschen zu mir bekennt .. Wer mich vor den Menschen verleugnet ..." – wie ist es zu deuten?

Alles, was in meiner Lebensgeschichte, in meinem Handeln, in meiner Gesinnung eine Ähnlichkeit hatte mit dem Handeln und der Gesinnung Jesu, war Bekenntnis zu Jesus. Alles, was in Richtung auf Jesus-Ähnlichkeit, auf Jesus-Verwandtschaft war, war Bekenntnis zu Jesus. Als solches wird es offenbar werden vor dem Antlitz Gottes und wird auch von mir als solches erkannt werden. Alles, was in meinem Handeln und in meiner Gesinnung nicht jesusförmig war, was nicht in Richtung auf Jesu Gesinnung und Botschaft war, war Jesusverleugnung. Auch wenn ein Mensch nie etwas von Jesus gewußt hat, kann sein Handeln und seine Gesinnung in diesem Sinne Bekenntnis zu Christus oder Verleugnung gewesen sein – wenn dieser Mensch der Gottesstimme gefolgt ist, die in jedem Menschen ist.

Vor dem Gericht der Ewigkeit muß wenigstens etwas jesusförmig, jesusähnlich aus meinem Leben erkennbar werden; wo ich mich also zu ihm bekannt habe, nicht vielleicht mit ausdrücklichen Worten, sondern durch Handeln und in Gesinnung. Paulus sagt im Römerbrief, daß wir an Wesen und Gestalt Jesu Christi teilhaben sollen, damit wir im Gericht als Brüder und Schwestern Christi, also als Christusverwandte erkannt werden (Röm 8, 29). Die Eingestaltung in die Christusverwandtschaft wird gnadenhaft in der Taufe in unerhörter Weise geschenkt: Prägung mit den Zügen Jesu Christi. Aber diese Grundlegung unserer so geschenkten Christusverwandtschaft muß von uns lebensmäßig entfaltet werden und so zur Reife kommen.

Wenn wir im Gericht einen jesusverwandten Zug, eine jesusförmige Tat aufweisen können, dürfen wir hoffen, daß er sich zu uns bekennt, vor Gott und vor den Engeln des Himmels. Und indem er sich zu uns bekennt, indem er gleichsam vor dem Angesicht Gottes, des Vaters, sagt: Darin bist du mir ähnlich gewesen! Darin gehörst du zu mir! – wird er, so dürfen wir hoffen, das ergänzen, was bei uns nur ansatzhaft vorhanden war. So bekennt er sich zu uns.

Was aber in unserer irdischen Geschichte schuldhaft jesusfremd, ja jesuswidrig war, worin wir ihn also verleugnet haben (verleugnen bedeutet: ich kenne ihn nicht!), das wird vor dem Antlitz der ewigen Liebe offenbar werden und als solches auch von uns selber erkannt werden. Es wird keine Strafe verhängt werden wie in einem irdischen Gericht. Die Augen des erhöhten Herrn werden uns anschauen (wie sie Petrus nach der Verleugnung angeschaut haben), und vor dem Antlitz der ewigen Liebe wird uns der Schmerz unserer

Jesusverleugnung durchfahren. Und dieser Schmerz, der ein Liebesschmerz ist, wird unser Umwandlungsprozeß, unsere Läuterung, unser Fegfeuer sein – bis ins kleinste hinein. Wir müssen ja „an Wesen und Gestalt seines Sohnes teilhaben", wir müssen in die Jesusverwandtschaft hineinreifen, damit wir vom Vater als Bruder und Schwester Jesu Christi erkannt werden. Wir können in der Ewigkeit nur „christusförmig" bestehen, wir können nur bestehen, wenn er sich zu uns bekennt als zu seinem Verwandten („... der ist für mich Bruder und Schwester und Mutter", Mt 12, 50) – eine andere Möglichkeit ewigen Lebens gibt es nicht.

Wir kommen mit der Schuld unserer Jesusverleugnungen vor das Antlitz der unendlichen Liebe, und der brennende Reueschmerz, der uns in diesem Augenblick der Ewigkeit trifft, das ist unser Gericht! Das ist das Feuer, das brennt! Vor dem Antlitz der ewigen Liebe müssen wir erst noch „durch die Abgründe unserer Liebesverweigerung", unserer Jesusverleugnung hindurch: Das ist unser Gericht!

Wenn ich vor das Gericht der Ewigkeit komme, werde ich nicht allein dastehen. Wenn ich mich in meinem Leben zu Jesus Christus bekannt habe, wird er selber zu mir stehen: vor Gott! Er wird mein Zeuge sein und mein „Fürsprecher beim Vater". Und wenn ich als Sünder dastehe? Auch als Sünder kann ich mich an Jesus Christus halten: „Wenn aber einer sündigt, haben wir einen Fürsprecher beim Vater: Jesus Christus, den Gerechten. Er ist die Sühne für unsere Sünden" (1 Joh 2, 1).

So wie wir im Lied singen:
„Nur einer gibt Geleite, das ist der Herre Christ;
er wandert treu zur Seite, wenn alles uns vergißt."

II

So kommt es nun ganz darauf an, daß ich versuche, „jesusmäßig" zu leben, mein Leben mit dem seinen zu verflechten. Frère Roger läßt Christus in einem Gebet sagen: „Lebe das, was du vom Evangelium begriffen hast, wenn es auch ganz wenig ist. Verkünde mein Leben unter den Menschen. Entzünde ein Feuer auf der Erde und folge mir."

Wenn ich aber jesusmäßig leben will, dann muß ich ihn immer besser kennenlernen. Ich lerne ihn kennen im Evangelium. Aber ich werde ihn erst richtig kennenlernen, wenn ich das im Evangelium Vernommene zu leben versuche. Man versteht Jesus nur, wenn man mit ihm lebt. Auf einer koptischen Ikone aus dem siebten Jahrhundert legt Jesus den rechten Arm um einen Jünger, und so gehen sie miteinander den Weg.

Im folgenden ist eine Reihe von Stellen aus den drei ersten Evangelien zusammengestellt, in denen Verhaltensweisen Jesu oder Weisungen Jesu zum Ausdruck kommen.

Wir werden uns beim Lesen dieser Stellen fragen können: Welche spricht mich besonders an? Wo kann ich besonders versuchen, mit ihm erneut erste Schritte der Lebensverbundenheit zu tun? Eines Tages kann man die Erfahrung machen: Wenn man an *einer* Stelle das Evangelium wirklich lebt, öffnet sich der Raum des Ganzen! (Zur Meditation dieser Stellen vgl. „Eine vergessene Anleitung zur Christus-Meditation", S. 67 ff.

1. Mk 1, 9–11: „Du bist mein geliebter Sohn, an dir habe ich Gefallen gefunden."
   Die „Urerfahrung" Jesu, die alles Spätere bestimmt: Gott ist mein Vater! Ich bin geliebt. Ich kann absolut vertrauen.
2. Mk 12, 13–17: „Gebt dem Kaiser, was dem Kaiser gehört, und Gott, was Gott gehört!"
   Aus dem Vertrauen völlige Freiheit vor den Menschen.
3. Lk 11, 9–13: „Bittet, dann wird euch gegeben."
   Vertrauensvolles Gebet.
4. Mt 13, 31–32: „Mit dem Himmelreich ist es wie mit einem Senfkorn."
   Reich-Gottes-Vertrauen.
5. Mt 6, 25–34: „Sorget euch nicht um euer Leben."
   Vertrauend leben.

6. Mt 6, 1–6: „Deine Linke soll nicht wissen, was deine Rechte tut."
   Im Verborgenen – allein unter dem Antlitz Gottes.
7. Mk 12, 41–44: „Da kam auch eine arme Witwe und warf zwei kleine Münzen hinein."
   Auf die Herzensgesinnung kommt es an.
8. Lk 12, 33–34: „Verkauft eure Habe und gebt den Erlös den Armen."
   Loslassen in Freiheit, im Vertrauen auf Gott.
9. Mt 9, 9–13: „Ich bin gekommen, um die Sünder zu rufen, nicht die Gerechten."
   Barmherzige Liebe zu den Sündern.
10. Lk 15: „Er war verloren und ist wiedergefunden worden."
    Heimholung des Verlorenen.
11. Mt 18, 23–35: „Hättest du nicht auch mit jenem Erbarmen haben müssen, so wie ich mit dir Erbarmen hatte?"
    Weitergeben der Barmherzigkeit Gottes.
12. Mk 1, 32–34: „Und er heilte viele".
    Liebe zu den Kranken.
13. Mk 10, 13–16: „Wer das Reich Gottes nicht so annimmt, wie ein Kind, der wird nicht hineinkommen."
    Kindsein vor Gott.
14. Lk 14, 12–14: „Lade Arme, Krüppel, Lahme und Blinde ein."
    Die Armen sind die rechten Gäste.
15. Mt 5, 38–42: „Wenn dich einer auf die rechte Wange schlägt, dann halte ihm auch die andere hin."
    Verzicht auf Vergeltung.
16. Mt 5, 43–48: „Liebt eure Feinde."
    Feindesliebe.
17. Mt 18, 21–22: „Herr, wie oft muß ich vergeben?"
    Grenzenlose Vergebungsbereitschaft.
18. Mt 7, 1–5: „Richtet nicht."
19. Mt 20, 1–16: „Ich will dem letzten ebensoviel geben wie dir."
    Gottes Gerechtigkeit als überfließende Güte erfahren – sie nachahmen.
20. Mt 10, 7: „Umsonst habt ihr empfangen, umsonst sollt ihr geben."
21. Mk 3, 31–35: „Wer den Willen Gottes erfüllt, der ist für mich Bruder und Schwester und Mutter."

22. Mt 12, 1–8: „Barmherzigkeit will ich, nicht Opfer."
Ritus und Barmherzigkeit gehören zusammen.
23. Mt 23, 1–39: „Weh euch, ihr Heuchler!"
Radikale Ablehnung von Heuchelei.
24. Lk 12, 35–48: „Selig die Knechte, die der Herr wach findet."
Wachsamkeit.
25. Mt 5, 33–37: „Euer Ja sei ein Ja, euer Nein ein Nein."
Radikale Wahrhaftigkeit unter dem Antlitz Gottes.
26. Mt 18, 8–9: „Wenn dich dein Auge zum Bösen verführt, dann reiß es aus ..."
Entschlossene Abweisung der Verführung.
27. Mt 25, 14–30: „Da kam der, der die fünf Talente erhalten hatte, und brachte fünf weitere."
Mitwirken mit den gewährten Talenten im Vertrauen auf den guten Gott.
28. Mt 6, 24: „Niemand kann zwei Herren dienen."
Kompromißloser Gottes-Dienst.
29. Mt 7, 6: „Gebt das Heilige nicht den Hunden."
Ehrfurcht vor dem Heiligen.
30. Lk 9, 57–62: „Keiner, der die Hand an den Pflug gelegt hat und nochmals zurückschaut, taugt für das Reich Gottes."
Unbedingtheit der Nachfolge.
31. Mt 16, 24–28: „Wer mein Jünger sein will, der verleugne sich selbst, nehme sein Kreuz auf sich und folge mir nach."
Kreuzesnachfolge.
32. Lk 6, 31: „Was ihr von anderen erwartet, das tut ebenso mit ihnen."
33. Mk 1, 35: „In aller Frühe, als es noch dunkel war, stand er auf und ging an einen einsamen Ort, um zu beten."
Gebet der Stille.
34. Mt 5, 3–12: „Selig, die arm sind vor Gott."
Die Seligpreisungen.

Jesus sagt: „Ich sage euch: Wer sich vor den Menschen zu mir bekennt, zu dem wird sich auch der Menschensohn vor den Engeln Gottes bekennen."

Wenn ich mit ehrlichem Bemühen versuche, mein Leben mit dem seinen zu verflechten, mich so zu ihm zu bekennen – ob ich nicht hoffen darf, daß er sich zu mir bekennt und daß er in seiner Freundschaftsliebe all das viele ergänzt, was mir noch fehlt, ihm wirklich ähnlich zu sein?

Nichts ist schwer, sind wir nur leicht

Als ich jüngst ein Märchen las, dachte ich: Das möchte ich mir wünschen! Das Märchen ist von Juden aus Afghanistan nach Israel mitgebracht worden. (Frei nacherzählt nach: Dov Noy, Folktales of Israel, Chicago 1969, University Press.)

In der Hauptstadt seines Landes lebte ein guter und gerechter König. Oft verkleidete er sich und ging unerkannt durch die Straßen, um zu erfahren, wie es mit seinem Volk stand.

Eines Abends geht er vor die Tore der Stadt. Er sieht aus einer Hütte einen Lichtschein fallen und erkennt durch das Fenster: Ein Mann, offenbar ein Jude, sitzt allein an seinem zur Mahlzeit bereiteten Tisch und ist gerade dabei, den Lobpreis zu Gott über das Mahl zu singen. Als er geendet hat, klopft der König an die Tür: „Darf ein Gast eintreten?" „Gerne", sagt der Mann, „komm, halte mit, mein Mahl reicht für uns beide!" Während des Mahles sprechen die beiden über dieses und jenes. Der König – unerkannt – fragt: „Wovon lebst du? Was ist dein Gewerbe?" „Ich bin Flickschuster", antwortete der Mann. „Jeden Morgen gehe ich mit meinem Handwerkskasten durch die Stadt, und die Leute bringen mir ihre Schuhe zum Flicken auf die Straße."

Der König: „Und was wird morgen sein, wenn du keine Arbeit bekommst?" „Morgen?", sagte der Flickschuster, „Morgen? Gott sei gepriesen Tag um Tag!"

Als der Flickschuster am anderen Tag in die Stadt geht, sieht er überall angeschlagen: Befehl des Königs! In dieser Woche ist auf den Straßen meiner Stadt jede Flickschusterei verboten! Sonderbar, denkt der Schuster. Was doch die Könige für seltsame Einfälle haben! Nun, dann werde ich heute Wasser tragen; Wasser brauchen die Leute jeden Tag.

Am Abend hatte er so viel verdient, daß es für beide zur Mahlzeit reichte. Der König, wieder zu Gast, sagt: „Ich hatte schon Sorge um dich, als ich die Anschläge des Königs las. Wie hast du dennoch dein Geld verdienen können?" Der Schuster gab Bescheid. Der König: „Und was wird morgen sein, wenn du keine Arbeit findest?"

„Morgen? Gott sei gepriesen Tag um Tag!"

Als der Schuster am anderen Tag in die Stadt geht, um wieder Wasser zu tragen, kommen ihm Herolde entgegen, die rufen: Befehl des Königs! Wassertragen dürfen nur solche, die eine Erlaubnis des Königs haben! Sonderbar, denkt der Schuster, was doch die Könige für seltsame Einfälle haben. Nun, dann werde ich Holz zerkleinern und in die Häuser bringen. Er holte seine Axt, und am Abend hatte er so viel verdient, daß das Mahl für beide wieder bereitet war. Und wieder fragt der König: „Und was wird morgen sein, wenn du keine Arbeit findest?" „Morgen? Gott sei gepriesen Tag um Tag!"

Am anderen Morgen kam dem Flickschuster in der Stadt ein Trupp Soldaten entgegen. Der Hauptmann sagte: Du hast eine Axt, du mußt heute im Palasthof des Königs Wache stehen. Hier hast du ein Schwert, laß deine Axt zu Hause!

Nun mußte der Flickschuster den ganzen Tag Wache stehen und verdiente keinen Pfennig. Abends ging er zu seinem Krämer und sagte: Heute habe ich nichts verdienen können. Aber ich habe heute abend einen Gast. Ich gebe dir das Schwert – er zog es aus der Scheide – als Pfand –, gib mir, was ich für das Mahl brauche. Als er nach Hause kam, ging er zuerst in seine Werkstatt und fertigte ein Holzschwert, das genau in die Scheide paßte.

Der König wunderte sich, daß auch an diesem Abend wieder das Mahl bereitet war. Der Schuster erzählte alles und zeigte dem König verschmitzt das Holzschwert. „Und was wird morgen sein, wenn der Hauptmann die Schwerter inspiziert?" „Morgen? Gott sei gepriesen Tag um Tag!"

Als der Schuster am anderen Morgen den Palasthof betritt, kommt ihm der Hauptmann entgegen, an der Hand einen gefesselten Gefangenen: „Das ist ein Mörder. Du sollst ihn hinrichten!" „Das kann ich nicht", rief der Jude voll Schrecken aus. „Ich kann keinen Menschen töten!" „Doch, du mußt es, es ist Befehl des Königs!" Inzwischen hatte sich der Palasthof mit vielen Neugierigen gefüllt, die die Hinrichtung eines Mörders sehen wollten. Der Schuster schaute in die Augen des Gefangenen. Ist das ein Mörder? Dann warf er sich auf die Knie und mit lauter Stimme, so daß alle ihn beten hörten, rief er: „Gott, du König des Himmels und der Erde: wenn dieser Mensch ein Mörder ist und ich ihn hinrichten soll, dann mache, daß mein Schwert aus Stahl in der Sonne blitzt! Wenn aber dieser Mensch kein Mörder ist, dann mache, daß mein Schwert aus Holz ist!" Alle Menschen schauten atemlos zu ihm hin. Er zog das Schwert, hielt es hoch – und siehe: es war aus Holz. Gewaltiger Jubel brach aus. In diesem Augenblick kam der König von der Freitreppe seines Palastes, ging geradewegs auf den Flickschuster zu, gab sich zu erkennen, umarmte ihn und sagte: „Von heute an sollst du mein Ratgeber sein!"

Mit dem, der so vertrauen kann – „Gott sei gepriesen Tag um Tag" –, macht sich Gott zum Verbündeten. Jesus sagt: „Sorgt euch also nicht um morgen; denn der morgige Tag wird für sich selbst sorgen" (Mt 6, 34). „Gott sei gepriesen Tag um Tag": Wenn man so vertrauen könnte, wenn man dies Schlüsselwort glauben könnte: nicht aus der puren eigenen Anstrengung leben, so als wäre niemand da, dem man vertrauen könnte, sondern aus der Gnade leben – wie frei würde das Leben werden! „Nichts ist schwer, sind wir nur leicht."

Zwei Weisen der Einsamkeit

Da lese ich, daß das Spätwerk der Künstler mehr soliloque sei und deshalb dem großen Publikum nicht sehr entgegenkomme. Soliloque, das heißt Selbstgespräch, aber doch in einem tiefen Sinne. Ist das mit dem Altern so? Ich denke, es gibt zwei Weisen der „Soliloquitas", so wie es zwei Weisen der Einsamkeit gibt. Im Tagebuch von Cesare Pavese („Das Handwerk des Lebens") fand ich die schreckliche Notiz: „6. November. Ich verbrachte den Abend vor dem Spiegel sitzend, um mir Gesellschaft zu leisten ..."

Es gibt eine Altersgeschwätzigkeit nach außen hin, die den Zuhörern lästig wird. Und es gibt ein ungutes soliloque nach innen hin: ein In-sich-hinein-Verkümmern, grämlich oder verbittert, vereinsamt. Aber es gibt auch ein soliloque – wie auch eine Einsamkeit –, aus der große Reife und Altersweisheit ausstrahlt, für den, der sie wahrnehmen kann.

Solches soliloque hat etwas mit dem Tod zu tun, der seinen Schatten *und* sein Licht schon herüberwirft! Solches soliloque hat etwas zu tun mit dem Urwort Gottes an Abraham: „Geh du aus deinem Land, von deiner Verwandtschaft und aus deinem Vaterhaus in das Land, das ich dir zeigen werde" (Gen 12, 1). Dieser Anruf zum Aufbruch kennt zwei Zeiten im Leben des Menschen, in denen in ganz verschiedener Weise eine natürliche Disposition dafür gegeben ist. Es ist zuerst die Zeit der Adoleszenz, des Übergangs in das Erwachsenensein. Und es ist die Zeit des Alters, in der der Ruf zum Aufbruch, zum Loslassen mit letzter Eindringlichkeit an den Menschen kommt: „Geh du aus deinem Land ..."!

„Wie viele Schicksalswege kreuzen und überschneiden den unseren von dem Augenblick, seit unser Bewußtsein und unser Herz erwachte, bis zu jener Neige, an der der Tod sich durch eine gewisse Einsamkeit ankündigt, die schon der Einsamkeit zugehört, von der Pascal spricht. ‚Wir sterben allein'" (Mauriac). Deutlicher als je in unserem Leben hören wir das Schwirren des Pfeils, der im Augenblick der Geburt abgeschossen wird und uns in der Todesminute erreicht (Jean Paul). Kommt dann nicht auch die Angst auf, die das soliloque überschattet? Diese Angst liegt in unserer Natur. Aber ob diese Angst uns ins Bodenlose zieht oder ob wir in ihr aufgefangen werden, das hängt wohl davon ab, ob wir glauben, daß der Tod alles sinnlos macht oder daß er allem Sinn gibt! Ob wir an das „Paradox" glauben, daß alles Leben im Tod wurzelt.

In unserer Dorfkirche hängt die Nachbildung einer alten koptischen Ikone. Da geht Christus seines Weges und neben ihm geht ein Jünger. Und Christus legt den rechten Arm um die Schulter des Jüngers, und so gehen sie beide zusammen ihres Weges. „Fürchte dich nicht, ich bin bei dir!" Und wenn es uns manchmal so scheint, als lasse er uns eine Zeit allein, dann ist es vielleicht, weil er uns sagen will: „Ich gehe, euch eine Wohnung zu bereiten. Wenn ich gegangen bin und euch eine Wohnung bereitet habe, komme ich wieder und werde euch zu mir holen, damit auch ihr dort seid, wo ich bin."

In seinem Buch „Kampf und Kontemplation" berichtet Roger Schutz ein liebenswürdiges Erlebnis: „In der Kirche bringt mir Martin eine Zeichnung, auf die er mit seiner Kinderschrift folgende Worte geschrieben hat: ‚Du wirst niemals alt werden'. Ich fragte ihn, wie er das meint. Er antwortet: ‚Ich werde dein Diener sein, ich bringe dir zu essen'. Das siebenjährige Kind, still und aufmerksam, sitzt neben mir. ‚Ich bringe dir zu essen'. Dieses Wort beglückt mich für lange Zeit."

Du wirst niemals alt werden, ich bringe dir zu essen. Ich höre in mein Altern hinein jene anderen Worte: „Wer von diesem Brot ißt, wird leben! ... Sie werden niemals zugrunde gehen. Niemand wird sie meiner Hand entreißen ..."

Früher sagten wir an den Stufen des Altars den Psalmvers: „... ad Deum, qui laetificat juventutem meam ... zu Gott, der meine Jugend erfreut". Manchmal bedaure ich es, daß wir diesen Satz nicht mehr sprechen, wenn wir zum Altar hintreten. Heute verstehe ich ihn tiefer als je zuvor in meinem Leben.

Segne …

Vor einiger Zeit habe ich das kürzeste Morgen- oder Abendgebet gehört. Die Frau, die es mir sagte, war bekümmert; sie meinte: Mit meinem Beten am Morgen oder Abend ist es fast nichts, es besteht eigentlich nur aus einem einzigen Wort. Ich sage einfach – so fuhr sie fort – zu Gott: „Segne", und dann kommen Namen. Namen von Menschen, mit denen ich zusammenlebe. „Gott, segne" – und dann steigen die Namen, das heißt die Menschen vor meinem inneren Blick auf: die Menschen, die ich liebe – und die ich nicht liebe; ich sage Gott ihren Namen, so wie sie mir in den Sinn kommen. Ihre Gesichter tauchen vor mir auf. Und ich bitte Gott: Segne sie!

Ob dies nicht ein gutes Morgen- oder Abendgebet ist? Es ist ein Beten, das von sich selber wegschaut auf die hin, die die Nächsten sind. Und es ist zugleich ein Wort des Glaubens und des Vertrauens auf Gott hin: daß er der Segnende ist!

Der Segnende? Was ist das? Wenn ich bittend zu Gott sage: Segne!, dann ist darin das Vertrauen: Gott, ich glaube, daß du da bist! Ich glaube, daß du der lebendige Gott bist. Ich glaube, daß du ein Antlitz hast. Schau diesen Menschen da an, wende dich ihm zu, lege deinen Namen auf ihn.

Vielleicht hat mancher es aufgegeben, am Morgen oder Abend ein Gebet zu sprechen. Man mag die alten, früher einmal gelernten Gebete nicht mehr. Man ist ihnen entwachsen. Vielleicht ist es zu mühsam, nach neuen Gebetsworten zu suchen. Und dann – man hat so wenig Zeit am Morgen, oder man ist so müde und abgespannt am Abend.

Ob dies eine Wort nicht eine neue Möglichkeit wäre? Man braucht fast keine Zeit dazu, nur ein wenig Herz – zum Lieben braucht man keine Zeit. Wir sagen zu Gott: „Gott, segne …“ Und wir nennen die Namen der Menschen, die uns nahe sind, denen wir verbunden sind. Und vielleicht bringen wir sogar die Kraft auf, auch den Namen jenes Menschen zu nennen, mit dem wir uns zerstritten haben; der uns lästig und unsympathisch ist: „Herr, segne …“ Und ich nenne den Namen des Menschen, dem *ich* etwas schulde, dem *ich* zur Last geworden bin, den *ich* an die Seite geschoben habe … Und zuletzt darf ich an diese kleine Litanei auch getrost mich selber setzen: Herr, segne mich, heute!

„Nicht durch lange Dauer wird das Leben ehrenwert, und nicht nach der Zahl der Jahre wird es bemessen"

(Weisheit 4, 8)

Was ist ein erfülltes Leben? Ist schon das ein erfülltes Leben, das lange dauert? Wenn man ein hohes Alter erreicht? Die Bibel sagt uns im Buch der Weisheit: „Nicht durch lange Dauer wird das Leben ehrenwert, und nicht nach der Zahl der Jahre wird es bemessen."

Wodurch wird es denn ehrenwert? Wonach wird es bemessen von Gott und den Menschen?

Wenn man alte Geschichtsbücher aufschlägt und darin von Königen und Feldherrn liest, könnte man meinen: *Der* Mann hat ein großes Leben gelebt, der Kriege gewonnen und Länder erobert hat. Daran aber beginnen wir heute mächtig zu zweifeln. Wir ahnen, daß es andere Maßstäbe für ein erfülltes Leben geben muß.

Kürzlich las ich ein Buch, das eine Mutter nach dem Tod ihres Kindes geschrieben hat. Der Elfjährige starb an einem Gehirntumor nach eineinhalbjähriger Krankheit mit Operationen und schmerzlichen Heilungsversuchen. Es scheint, daß ein früher Tod manchen jungen Menschen in ungewöhnlicher Weise reifen läßt. „Sterben ist wie ein Erwachsenwerden – glaube ich", so schreibt die Mutter. Kurz vor dem Tod sagt der Elfjährige – so spricht sonst ein Elfjähriger nicht – es sind Worte eines reifen Lebens: „Mein Leben hat einen Sinn, denn ich liebe und werde geliebt." Und dann: „Mama, ich sterbe bald." „Hast du Angst?" „Nein, ich werde doch abgeholt. Wir sind nur eine kurze Zeit getrennt, dann sehen wir uns wieder."

„Nicht durch lange Dauer wird das Leben ehrenwert, und nicht nach der Zahl der Jahre wird es bemessen". Ich denke:

Dieses Kind hat am tiefsten gesagt, was ein erfülltes Leben ist: „Ich liebe und werde geliebt!"

Vielleicht wird jemand einwenden: Das ist mir nicht vergönnt: Ich liebe und werde geliebt. Ich bin alleingelassen. Ich muß mein Leben in Einsamkeit und nie erfüllter Sehnsucht leben. Kann das kein erfülltes Leben werden?

Ich glaube, es gibt *eine* letzte Möglichkeit: daß wir unsere Einsamkeit und die Unerfülltheit unserer Sehnsucht – und sei es in Unbeholfenheit und in brüchigem Vertrauen – immer wieder auf Gott werfen und zu ihm sprechen: Gott, Du allein! Du allein kannst mein zerbrochenes und verwundetes Leben heil machen. Gott hört die Klage der Armen!

„Nicht durch lange Dauer wird das Leben ehrenwert, und nicht nach der Zahl der Jahre wird es bemessen". Möge Gott uns in diesem Jahr etwas davon erfahren lassen, daß er die Erfüllung unseres Lebens ist.

Eine vergessene Anleitung zur Christus-Meditation

Im 17. Jahrhundert war das Priesterseminar von St. Sulpice in Paris ein Ort starker geistlicher Ausstrahlung. Berühmte Namen dieses Kreises um St. Sulpice sind z. B. Bérulle, Condren, Olier. Sie entwickelten eine Meditationsmethode, die sich ganz auf die Gestalt Jesu Christi richtete, so wie die Evangelien sie uns vor Augen stellen. Diese Methode vollzog eine wesentliche Vereinfachung; sie war darauf bedacht, nicht mancherlei Einzelheiten eines Evangelien-Abschnittes zu betrachten, sondern sie richtete ihren Blick ganz auf die „Haltung" Jesu, auf seine Gesinnung, auf die „Tugend" Jesu, wie sie in dieser Perikope zum Ausdruck kommt, auf den inneren „Zustand" (état; status) Jesu, auf seine „Einstellung". Sie möchte, wie Ignatius von Loyola es in seinen Exerzitien sagt, die intima cognitio, eine innige Erkenntnis Jesu gewinnen.

Bérulle sagt: „Die Geheimnisse des Lebens Jesu Christi sind, was ihre besonderen historischen Umstände anbelangt, vergangen; in einer bestimmten anderen Weise dauern sie aber noch fort und sind gegenwärtig. Sie sind vergangen in Bezug auf ihre Ausführung, sie sind jedoch gegenwärtig in Bezug auf die ihnen innewohnende Kraft (vertu), und ihre Kraft vergeht niemals, sowenig die Liebe jemals vergehen wird, mit der sie ausgeführt worden sind."

Beispiel für Einstellungen, Haltungen, Gesinnungen Jesu: die Radikalität seiner Gottesbeziehung; seine Liebe zu den Sündern und Armen; sein Abscheu vor Selbstgerechtigkeit.

Die Methode kann man in folgendem vereinfachten Schema darstellen:

Vorbemerkung: Ich sammle mich. „Herr, du kennst mich, du weißt von mir."

I. 1. Ich versuche die Haltung, die Gesinnung Jesu zu entdecken und wahrzunehmen, die in dieser Perikope zum Ausdruck kommt.
2. Ich schaue sie anbetend an (Preisung, Dank, Freude).

II. 1. Wie ist es bei mir mit dieser Gesinnung, mit dieser „Tugend" Jesu?
2. Ich öffne mich dieser Gesinnung Jesu, nehme sie auf in mein Leben (communio).

III. Was kann ich tun aus dieser Kraft und Weisung Jesu?

Die drei Stufen dieser Methode heißen in der alten Sprache des Oratoriums:

1. Jesus vor Augen;
2. Jesus im Herzen;
3. Mit Jesus Hand in Hand wirken.

Oder:
1. Wir blicken auf Jesus,
2. Wir vereinigen uns mit ihm;
3. Wir handeln mit ihm.

(„Das treue Vollbringen des klar Erkannten ist immer der unentbehrlichste Schlüssel zum Innewerden des Ungekannten" Johann Michael Sailer.)

Wenn wir glauben, daß Jesus Christus der Lebendige ist, daß es eine lebendige Beziehung von ihm zu uns, von uns zu ihm gibt („Ich kenne die Meinen, und die Meinen kennen mich" Joh 10, 14), dann darf ich auch glauben, daß ich ein Verwandelter werde, wenn ich mich in solchem betrachtenden Gebet seiner Wirkkraft aussetze; daß das sich öffnende und *anbetende* Anschauen Jesu Christ im Aspekt einer bestimmten „Tugend", die er gelebt hat, sich heilend und verwandelnd auf mich auswirken wird: Er ist ja *der* heile Mensch, der Heiland. Und als Getaufter darf ich glauben, daß er mir in meinem Innersten ganz nahe ist: Als Strahlungskraft der Liebe!

Ob das Bild Christi, der imago Christi, nicht mein Leben

christusförmiger bilden kann, wenn ich es so anschaue, wie diese Anleitung es vorschlägt?

Bernardin Schellenberger schreibt in seinem Buch „Ein anderes Leben" (Freiburg i. Br. 1980, Verlag Herder): „Es geht in der christlichen Spiritualität darum, sich an den unverwechselbar einmaligen Jesus Christus zu halten und zu ihm in Beziehung zu stehen; und nur aus dieser Beziehung im Heiligen Geist erwächst dem Menschen die Kraft der Integration aller Bruchstücke seines Lebens zu einem organischen Ganzen ... Person ist und bleibt der Mensch nur im Magnetfeld einer fundamentalen Beziehung ... Vermutlich erfreuen sich zahlreiche Formen der Meditation in unseren Tagen nicht zuletzt deshalb so starker Nachfrage, weil sie dieses Stehen-Können in einer personalen Beziehung nicht voraussetzen: Das Sich-Lassen und Entwerden als Übung an sich scheint vielen Zeitgenossen zugänglicher und begehrenswerter als das Sich-nehmen-Lassen und die Hingabe an ein Du."

Aus den drei ersten Evangelien habe ich vierzig Perikopen ausgewählt, die zur Meditation nach der Methode von St. Sulpice geeignet sein können:

Lk 2, 41–52: Der zwölfjährige Jesus
Mt 4, 1–11: Die Versuchung Jesu
Mt 8, 23–27: Der Sturm auf dem See
Mt 9, 9–13: Die Berufung des Zöllners
Mt 9, 36–38: „... er hatte Mitleid mit ihnen"
Mt 11, 25–27: „Ich preise dich, Vater"
Mt 12, 15–21: Jesus als der Knecht Gottes
Mt 12, 46–50: Jesu wahre Verwandten
Mt 13, 24–30: „Laßt wachsen bis zur Ernte"
Mk 6, 30–34: „Und er lehrte sie lange"
Mt 16, 1–4: „Und er ließ sie stehen"
Mt 16, 21–23: Ankündigung des Leidens
Lk 9, 28–36: Die Verklärung
Lk 9, 51–56: Die ungastlichen Samariter
Lk 9, 57–58: Von der Nachfolge
Lk 10, 38–42: Maria und Marta
Lk 11, 37–41: Was ist rein?
Lk 12, 22–34: Falsches und rechtes Sorgen

Lk 12, 49: Gekommen, Feuer zu bringen
Lk 12, 51–53: Nicht Frieden, sondern Spaltung
Lk 13, 22–30: Von der verschlossenen Tür
Lk 14, 12–14: Von den rechten Gästen
Lk 14, 25–27: Vom Ernst der Nachfolge
Lk 15, 1–7: Verlorenes Schaf
Lk 15, 11–31: Verlorener Sohn
Mk 10, 13–16: Den Kindern gehört das Reich Gottes
Mk 10, 17–31: Jesus sah ihn und liebte ihn
Mt 20, 1–16: Gleicher Lohn für ungleiche Arbeit
Mt 20, 25–28: Dienen
Mt 20, 29–34: Heilung des Blinden
Lk 19, 1–10: Jesus im Haus des Zöllners
Mt 21, 10–17: Tempelreinigung
Mk 11, 12–14.20–26: Verfluchung des Feigenbaums
Mk 11, 27–33: Frage nach der Vollmacht
Mt 22, 15–22: Die Frage nach der kaiserlichen Steuer
Mt 25, 31–46: Vom Weltgericht
Lk 22, 15–20: Das Mahl
Lk 22, 24–30: Vom Herrschen und vom Dienen
Lk 22, 35–38: Die Stunde der Entscheidung
Mt 27, 45–56: Der Tod Jesu

Wenn man einmal meditierend den Weg durch diese Perikopen zurückgelegt hat, kann es sein, daß man eine große Entdeckung gemacht hat: das Grundgeheimnis, das Persongeheimnis Jesu! Es ist die nie unterbrochene Verbundenheit mit Gott, dem Vater. Ein tiefes, ihn ganz erfüllendes Bewußtsein einer unmittelbaren Verbindung mit Gott. Eine unerschütterliche Gehaltenheit in Gott, dem Vater. Und daraus: eine unerhörte Freiheit! Ein freies, offenes Dasein für die Menschen!

Man kann die Meditation abschließen mit einem Gebet, das von Condren um 1630 ganz aus dem Geist des Oratoriums von St. Sulpice verfaßt worden ist (gekürzt):

Veni, Domine Jesu,
et vive in hoc servo tuo,
in plenitudine virtutis tuae,
in perfectione viarum tuarum,
in sanctitate Spiritus,

et dominare omni adversae potestati
in Spiritu tuo,
ad gloriam Patris. Amen.

Komm, Herr Jesus,
und lebe in Deinem Knecht,
in der Fülle Deiner Kraft,
in der Lauterkeit Deiner Wege,
in der Heiligkeit Deines Geistes,
und bezwinge alle böse Macht
durch Deinen Geist,
zur Ehre des Vaters. Amen.

Ein Beispiel

Wir wählen die als erste angegebene Perikope Lk 2, 41–52: Der zwölfjährige Jesus.

Die Eltern Jesu gingen jedes Jahr zum Paschafest nach Jerusalem. Als er zwölf Jahre alt geworden war, zogen sie wieder hinauf, wie es dem Festbrauch entsprach. Nachdem die Festtage zu Ende waren, machten sie sich auf den Heimweg. Der junge Jesus aber blieb in Jerusalem, ohne daß seine Eltern es merkten. Sie meinten, er sei irgendwo in der Pilgergruppe, und reisten eine Tagesstrecke weit; dann suchten sie ihn bei den Verwandten und Bekannten. Als sie ihn nicht fanden, kehrten sie nach Jerusalem zurück und suchten ihn dort. Nach drei Tagen fanden sie ihn im Tempel; er saß mitten unter den Lehrern, hörte ihnen zu und stellte Fragen. Alle, die ihn hörten, waren erstaunt über sein Verständnis und über seine Antworten. Als seine Eltern ihn sahen, waren sie sehr betroffen, und seine Mutter sagte zu ihm: Kind, wie konntest du uns das antun? Dein Vater und ich haben dich voll Angst gesucht. Da sagte er zu ihnen: „Warum habt ihr mich gesucht? Wußtet ihr nicht, daß ich in dem sein muß, was meinem Vater gehört? Doch sie verstanden nicht, was er damit sagen wollte.

Dann kehrte er mit ihnen nach Nazaret zurück und war ihnen gehorsam. Seine Mutter bewahrte alles, was geschehen war, in ihrem Herzen. Jesus aber wuchs heran, und seine Weisheit nahm zu, und er fand Gefallen bei Gott und den Menschen.

I.1. Zu dieser Perikope wären etwa zwei „Haltungen" Jesu wahrzunehmen. Entweder die in Vers 49 ausgesagte: „Wußtet ihr nicht, daß ich in dem sein muß, was meinem Vater gehört?" Jesu unbedingte Lebensbezogenheit auf Gott, seinen Vater. Oder das in Vers 51 ausgesagte: „Dann kehrte er mit ihnen nach Nazaret zurück und war ihnen gehorsam": Jesu Verborgenheit! Wir wählen für unsere Meditation das zweite.

Ich schaue dies an: Von dreiunddreißig Jahren lebt Jesus dreißig Jahre in völliger Verborgenheit, lebt ein unbekanntes Leben in einem kleinen ländlichen Lebensmilieu. Als er in die Öffentlichkeit tritt, ist er seinen Landsleuten als Zimmermann bekannt.

Er hat Umgang mit einfachen Menschen: Handwerkern, Fischern und Bauern. In der Weltgeschichte von damals ist er in diesen Jahren ein Nichts. Als Kaiser Augustus starb, war Jesus etwa siebzehn Jahre alt. (Aber später wird die Zeit nicht mehr nach Augustus, sondern nach ihm gezählt!) Es gibt außer dem Neuen Testament kaum ein zeitgenössisches literarisches Zeugnis von ihm. Wir haben kein von ihm geschriebenes Wort, wir haben kein Bild von ihm. Hat Jesus von Athen, dem Ort der Philosophie, gewußt? Er lebt das Leben der einfachen Menschen: in völliger Verborgenheit. Er, der einmal sagen wird: „Ich bin es!" Er lebt verborgen unter dem Angesicht Gottes. Er läßt sich die Stunde, in der er aus dieser Verborgenheit heraustritt, von Gott zuweisen. Er schafft sich selber kein Ansehen, er wartet auf seine Sendung. Er ist Maria und Josef gehorsam.

Am Kreuz wird er noch einmal in die äußerste Verborgenheit zurückkehren: Am Ende ist er wie ein Nichts!

Augustinus ruft einmal auf der Cathedra aus: „Gott hat sich erniedrigt – und der Mensch ist noch stolz!"

2. Ich bete diese Verborgenheit Jesu an. Gott ist in ihm in diese Verborgenheit, in dieses Nichtangesehensein hineingegangen. Deus semper minor! Der Gott, der in das Geringe eingeht. Er ist meine Rettung!

Herr, es ist gut, daß du für uns nach diesem „sanften Gesetz" gelebt hast: in ihm sammelte sich die ganze Sendung vom Vater her, aus der dann dein Wort, dein Werk, deine

Passion kamen. Herr, ich sage dir Dank nicht nur für die Weisung, die in dieser deiner „Tugend“ liegt, sondern noch mehr für die geheime Strahlungskraft deines verborgenen Lebens, aus der die Verwandlung der Welt hervorging.

II. 1. Ich sehe meine Eigen-Mächtigkeit, mein Suchen nach Ansehen, nach Glänzenkönnen, nach Erfolg.

2. Herr, ich weiß, wie weit ich entfernt bin von deiner Haltung des Gehorsams und der Verborgenheit. Nur dein Geist hat die Kraft, mich zu verwandeln. So möchte ich dir sagen: Ich möchte mich öffnen für diesen deinen Geist des Verborgenseins, in welchem die Linke nicht weiß, was die Rechte tut (Mt 6, 3); in welchem ich verstehe, daß du, der Verborgene, das geheime Herz der Welt bist.

III. Ich muß sehr nüchtern und wahrhaftig zusehen, wo ich ansetzen kann, dem Herrn und seinem Verborgensein nahe zu sein.

Mit Gott leben im Gebet

1. Im Gebet komme ich zu mir selbst

Eine der Urfragen des Menschen ist: Wer bin ich? Man steht vor dem Spiegel und schaut sich in die Augen. Man sieht jetzt keine Einzelheit des Gesichts, sondern: sich selbst: Wer bin ich? Wer ist das, der sich da anschaut? „Ich bin mir zur Frage geworden – Quaestio mihi factus sum", sagt Augustinus. Dreiundsechzigmal hat Rembrandt sich selbst gemalt; dreiundsechzigmal vor dem Spiegel: Wer bin ich?

Es ist die Frage des Menschen nach seiner *Lebenswahrhaftigkeit*! Es ist der Auftrag und das Suchen des Menschen, er selbst zu sein, ganz zu sein, identisch zu sein. Hölderlin sagt es in einem Wort:

> Göttliches Feuer auch treibet
> bei Tag und bei Nacht,
> Aufzubrechen. So komm! daß wir das Offene schauen,
> *Daß ein Eigenes wir suchen,*
> so weit es auch ist.

Manche suchen eine Selbsterkenntnis und dann auch Selbstverwirklichung in sich selbst und aus sich selbst; aber so verfehlen sie sich selbst. Denn „der Mensch ist der, der in der Geschichte mit Gott lebt. Die theologische Bestimmung des Menschen als der, der in der Geschichte mit Gott lebt, steht im Gegensatz zu jeder Bestimmung des Menschen als der, der sich selbst begründet bzw. der (nur) mit sich selbst identisch ist. Die ausschließliche Ausrichtung des Menschen auf sich selbst, die Verschlossenheit gegenüber der Geschichte Gottes ist Sünde" (Gunda Schneider-Flume).

Und so sagt Johannes vom Kreuz (zit. nach Walter Repges, Johannes vom Kreuz. Würzburg 1985):

Ohn' ihn bin ich auch ohne mich.
Was soll ein solches Leben mir?
Es ist für mich wie tausend Tode.
Erhoff' ich doch mein eig'nes Leben.

Und Edith Stein: „Wer Gott nicht findet, der gelangt auch nicht zu sich selbst." Und Alfred Delp: „Die Anbetung Gottes ist der Weg des Menschen auf sich zu."

Wenn ich anfange zu beten, wenn ich anfange, mir zu sagen: Gott ist da! Ich bin vor Gott! Gott kennt mich! – dann fange ich auch an, anwesend zu sein. Ich hole mich aus aller Aktivität, aus aller Ablenkung, Zerstreuung, Ausgegossenheit zu mir selbst zurück. Und dieses mein Bei-mir-Dasein beginnt zur Lebenswahrhaftigkeit zu werden. Denn wenn ich dessen wirklich für einen Augenblick inne werde: Gott ist da! Er kennt mich! – dann *beginne* ich auch mich zu sehen als den, der ich bin. Es beginnt das augustinische „Noverim te, noverim me! – Laß mich dich erkennen, laß mich mich erkennen."

Das ist ein erstes Wichtiges im Vorgang des Betens: daß ich anwesend werde, so wie ich bin! Im wahrhaftigen Gebet (das nicht ein von sich abgewandtes Wortemachen ist) will ich ja vor Gott kommen. Ein Gebet von Guardini (eine Zeile ist von mir eingefügt) sagt es so:

Immerfort empfange
ich mich aus deiner Hand.
Das ist meine Wahrheit
und meine Freude.
Immerfort blickt mich
voll Liebe
dein Auge an,
und ich lebe aus
deinem Blick,

du mein Schöpfer
und mein Heil.

Lehre mich,
in der Stille
deiner Gegenwart
das Geheimnis zu verstehen,
daß ich bin.
Und daß ich bin durch dich
und vor dir
und für dich.

Dann aber, wenn ich so vor Gott da bin, still geworden bin, eingesammelt bin aus aller Ablenkung, dann kann es geschehen, daß so etwas wie eine gute Unruhe in mir aufbricht („Unruhig ist unser Herz ...", Augustinus), eine Art Sehnsucht (desiderium): So wie es mit mir ist, ist es nicht genug! („Göttliches Feuer auch treibet bei Tag und bei Nacht, Aufzubrechen ...!") Ein Verlangen bricht auf. Je mehr ein Beter von Gott ahnt, um so stärker kann dieses Verlangen werden.

Johannes vom Kreuz empfindet dieses Verlangen so drängend, daß er für das, was er tun möchte, ein Wort gebraucht, das damals in Spanien voller Bedeutung ist: Conquista! Eroberung. Er spricht von der „größten Eroberung" (la más fuerte conquista). Es ist die Zeit der Konquistadoren, die neue Kontinente und Länder erobern, eine neue Welt. Aber bei Johannes geht es um eine andere Eroberung: Gott!

Dazu, daß dies gelang,
Gott selber zu begegnen,
mußt' fliegen ich so weit,
daß ich mich nicht mehr sah.

(Auf diesem Weg der „Eroberung" wird der Beter eine seltsame Verwandlung erfahren. Aus dem „Ich will Gott suchen" wird ein „Ich will mich von Gott finden lassen." Und – noch seltsamer –: Das Gebet läßt mich zu mir selber kommen; aber je mehr ich *vor Gott* zu mir selber komme, drängt es mich, mich loszulassen, damit ich wie eine leere

Schale werde vor Gott. Meister Eckhart sagt: „Nim din selbes war, und swa du dich vindest, da laz dich.")

Dieses erste: Im Gebet komme ich zu mir selbst, läßt uns fragen nach methodischen Hilfen, wie wir uns für das Gebet sammeln können.

Alle alten Anweisungen zum Gebet beginnen: Werde der Gegenwart Gottes inne! Hilfreich kann die leibliche Gebärde sein. Jeder hat schon erfahren, wie die leibliche Gebärde die innere Einstellung verwandeln kann: das Knien, die tiefe Verneigung, die nach oben hingehaltenen offenen Hände. Etwa so: Ich stehe vor dem Kreuz in meinem Zimmer, mache langsam das Kreuzzeichen. Dann knie ich hin, schließe die Augen, halte die Hände nach oben geöffnet hin und spreche innerlich ganz langsam, den Inhalt der Worte mir vergegenwärtigend: Herr, du kennst mich, du weißt von mir. Ich lebe in deinem Blick der Liebe. Du umfängst mich ganz mit deinem Erbarmen. (Oder ich bete das oben genannte Gebet von Guardini.)

2. Im Gebet erfahre ich das Du

Ist das, was über uns ist, nur eine anonyme Macht, eine namenlose Dynamik? Wenn wir nachdenken, nur nachdenken, wenn wir darüber philosophieren, kann es uns so scheinen. Eine unbewußte „Weltseele", die im Laufe der Jahrtausende im Geist des Menschen zu Bewußtsein gekommen ist.

Aber wenn wir als Christen, als Getaufte, anfangen zu beten, geschieht eine Verwandlung. Aus der Anonymität des „höheren Wesens" tritt immer mehr das Du hervor. Ja, dieses Du wird im Prozeß wahrhaften Betens (das mit dem Leben des Beters eine Einheit bildet!) immer mehr als ein liebendes und geliebtes Du erfahren.

Als ein Beispiel solcher Erfahrung nennen wir das „Mémorial" Pascals. Blaise Pascal wurde 1623 in Clermont geboren. Als er drei Jahre alt war, starb seine Mutter. Früh zeigte sich die hohe Begabung des Kindes, besonders im naturwissenschaftlich-mathematischen Denken. Mit 17 Jahren schrieb Pascal sein erstes Werk über die Berechnung von Kegelschnitten. Seine Forschungen über den luftleeren Raum eroberten ein neues Feld in der Wissenschaft. Als er 30 Jahre alt war, stand er in der Gefahr einer verflachenden Verweltlichung im Umkreis des höfischen Milieus. Da geschieht plötzlich und unerwartet die große Wandlung seines Lebens. Auf Tag und Stunde genau hat er dieses größte Ereignis seines Lebens datiert: Es ist die Nacht des 23. November 1654. Von Stund an ist sein Leben ein anderes: er hat Gott erfahren in unerhörter Weise. Er hat danach noch 8 Jahre zu leben, mit 39 Jahren stirbt er, einer der größten Denker, Naturwissenschaftler der beginnenden Neuzeit und ein religiöses Genie. (Zum Ganzen vgl.: R. Guardini, Christliches Bewußtsein. Versuche über Pascal. 1950.)

Ein zeitgenössischer Bericht sagt: „Wenige Tage nach dem Tode des Herrn Pascal merkte ein Diener des Hauses zufällig, daß im Rockfutter des erlauchten Toten etwas stak, das dicker schien als das übrige. Er trennte die Stelle auf, um zu sehen, was es sei, und fand darin ein kleines Pergament, gefaltet und von Herrn Pascals Hand beschrieben; und in diesem Pergament ein von der gleichen Hand beschriebenes Stück Papier. Dieses eine getreue Abschrift von jenem. Die beiden Stücke wurden sofort Frau Périer (seiner Schwester) übergeben. Sie ließ einige seiner besonderen Freunde Einsicht nehmen. Alle kamen überein, daß dieses Pergament, mit solcher Sorgfalt und mit so bemerkenswerter Schriftführung beschrieben, eine Art von Denkschrift darstelle, die er sehr sorgfältig bewahrte, um das Gedächtnis an etwas wachzuhalten, das er alle Zeit seinen Augen und seinem Geist gegenwärtig wissen wollte, hatte er sich doch seit acht Jahren die Mühe genommen, es einzunähen und herauszunehmen, sooft er neue Kleider machen ließ."

Oben zeigt das Blatt ein von Strahlen umgebenes Kreuz. Darunter das Folgende:

Das Jahr der Gnade 1654.
Montag, 23. November, Tag des heiligen Clemens, Papstes
und Martyrers und anderer im Martyrologium,
Vigil des heiligen Chrysogonus, Martyrers, und anderer.
Von ungefähr zehn und einhalb Uhr am Abend bis ungefähr eine halbe Stunde nach Mitternacht,
Feuer.
‚Gott Abrahams, Gott Isaaks, Gott Jakobs',
nicht der Philosophen und Gelehrten.
Gewißheit. Gewißheit. Empfindung. Freude. Friede.
Gott Jesu Christi.

Deum meum et Deum vestrum.
‚Dein Gott soll mein Gott sein.'
Vergessen der Welt und aller Dinge, ausgenommen Gott.
Er wird nur auf den Wegen gefunden, die im Evangelium gelehrt sind.
Größe der menschlichen Seele.
‚Gerechter Vater, die Welt hat dich nicht erkannt,
aber ich habe dich erkannt.'
Freude, Freude, Freude, Tränen der Freude.
Ich habe mich von ihm getrennt:
Dereliquerunt me fontem aquae vivae.
‚Mein Gott, wirst du mich verlassen?'
Möge ich nicht ewig von ihm getrennt werden.
‚Dies ist das ewige Leben, daß sie dich erkennen,
den einzigen, wahren Gott, und den du gesandt hast,
Jesus Christus.'
Jesus Christus.

Ich habe mich von ihm getrennt; ich bin vor ihm geflohen,
ich habe ihn verleugnet, gekreuzigt.
Möge ich nie von ihm getrennt sein.
Er wird nur auf den Wegen bewahrt, die im Evangelium gelehrt sind:
Vollkommene, innige Entsagung.
Vollkommene Unterwerfung unter Jesus Christus
und unter meinen geistlichen Führer.
Ewig in der Freude für einen Tag der Plage auf Erden.
Non obliviscar sermones tuos. Amen *

* Die angeführten Stellen sind: Exodus 3, 6 (Mt 22, 32) – „Meinen Gott und Euren Gott", Joh 20, 17 – Ruth 1, 16 – Joh 17, 25 – „Verlas-

Nach der genauen Datierung – da es sich um ein religiöses Ereignis handelt, ist auch die Datierung eine religiöse – steht mitten in der Zeile, gleichsam als Überschrift, das eine Wort: *Feu* – Feuer! „Dann eine Reihe von hingeschleuderten Worten, kurzen Sätzen, Bruchstücken aus der Heiligen Schrift, alles zitternd von der Erregung eines ungeheuren Erlebens" (Guardini).

Was er in dieser brennenden Nacht erfahren hat, war „nicht der Gott der Philosophen und Gelehrten", nicht ein Gott, der das Ergebnis einer wissenschaftlichen Beweisführung ist, sondern der Gott Abrahams, Isaaks und Jakobs, der Gott Jesu Christi! Pascal hat in dieser glühenden Gebetsnacht das Du Gottes erfahren! Das Mémorial ist das Zeugnis eines großen Beters, der den lebendigen Gott als geliebtes und liebendes Du erfahren hat. Und wenn Pascal am Ende des Mémorial schreibt: „vollkommene innige Entsagung" oder „vollkommene liebevolle Entsagung" (douce), so ist in dem „innig" oder „liebevoll" mitgesagt, daß es sich um den Austausch von Du zu Du handelt.

Gebet als Begegnung mit dem Du, als Erfahrung des lebendigen, liebenden Gottes – in dem Lied eines jüdischen Frommen ist es unvergeßlich ausgesagt:

Das Lied „Du"

Wo ich gehe – du!
Wo ich stehe – du!
Nur du, wieder du, immer du!
Du, du, du!

Ergeht's mir gut – du!
Wenn's weh mir tut – du!
Nur du, wieder du, immer du!
Du, du, du!

---

sen haben sie mich, die Quelle lebendigen Wassers", Jer 2, 13 – Mt 27, 46 – Joh 17, 6 – „Ich werde Deine Worte nicht vergessen", Ps 28, 16.

Himmel – du, Erde – du,
Oben – du, unten – du
Wohin ich mich wende, an jedem Ende
Nur du, wieder du, immer du!
Du, du, du!

(Aus: Martin Buber, Schriften zum Chassidismus. Das Lied wird dort eingeleitet: „Der Berditschewer pflegt ein Lied zu singen, in dem es heißt:")

So ist es nicht verwunderlich, daß Teresa von Avila das innerliche Gebet so beschreibt: „Das innere Gebet ist, so meine ich, nichts anderes als Umgang und vertraute Zwiesprache mit dem Freund, von dem wir wissen, daß er uns liebt."

Wem aber das Du Gottes im Gebet aufgeht, der wird unweigerlich auch das Du des Mitmenschen entdecken. Wer den wahren Gott der Offenbarung findet, dieses Du, wird immer auch von diesem Gott zum Du des Mitmenschen geschickt. Zwei Stimmen dazu: Frère Roger, der Prior von Taizé: „Jeder Umgang mit Gott führt zum Nächsten. Das Zeichen für die Echtheit inneren Gebetes ist die Entdekkung des Nächsten." Und Saint-Exupéry: „Wer Gott findet, findet ihn für alle."

Es gibt eine schöne islamische Legende (zit. nach H. Caffarel, Saal der tausend Türen. Johannes Verlag, Einsiedeln 1979), in der erzählt wird, wie ein Mensch in einem langen Prozeß vom Ichsagen zum Dusagen reift. Er beginnt, indem er sich selbst im Auge hat. Am Ende aber hat er nur noch das Du im Blick. Ob dies auch für das Gebet gilt und für seinen Reifungsprozeß?

„Eines Nachts kommt ein Liebender, sieghaft und voll Verwegenheit, und klopft an die Tür seiner Geliebten. Sie fragt: ‚Wer ist da?' Er antwortet: ‚Ich bin es!' Sie weigert sich zu öffnen und sagt hart: ‚Geh fort.' Der junge Mann entfernt sich, bebend vor Zorn, und erklärt, daß er sie vergessen werde, daß er sie schon vergessen habe. Er reist durch die weite Welt. Aber Vergessen findet er nicht. Und die

Liebe führt ihn abermals mit unwiderstehlicher Hand vor die Tür der Geliebten. Dasselbe Zwiegespräch wie beim erstenmal. Nur fügt sie diesen kleinen geheimnisvollen Satz beim Abschied hinzu: ‚Du sagst mir das einzige Wort nicht, das mir erlauben würde, dir zu öffnen.' Entrüstet, beunruhigt, niedergeschlagen geht er fort. Aber diesmal nicht, um auf fernen Reisen Vergessen zu suchen. Er sucht einsame Schluchten auf, um lange nachzudenken. Langsam weichen Zorn und Leidenschaft in ihm der Weisheit. Was seine Liebe an Heftigkeit verliert, gewinnt sie an Tiefe, und nach Jahren kommt unser Liebender aufs neue schüchtern, demütig und glühender als je zu seiner Geliebten. Bescheiden klopft er an. ‚Wer ist da?' Mit leiser Stimme antwortet er: ‚Du!', und sofort öffnet sich ihm die Tür."

(Als Hinweis zur Gebetspraxis vgl. „Das Jesus-Christus-Atemgebet", Seite 39 ff.)

3. Der Beter erfährt: „Du hast meinen Fuß auf weiten Raum gestellt" (Ps 31, 9)

Was geschieht im Beten? Ich bringe mein Leben vertrauend zur Sprache vor Gott; vor *den* Gott, den Jesus uns als guten, barmherzigen Vater geoffenbart hat. Das Leben stellt uns viele Fragen. Wir suchen im Gebet wenn nicht eine Antwort, so doch einen Weg, wie wir mit diesen Fragen leben können. Das Gebet hilft uns, die Ereignisse unseres Lebens transparent auf Gott hin werden zu lassen. Aber dieses: die Welt auf Gott hin deuten, ist nicht nur eine Sache des Verstandes, es ist eine Sache des Sicheinlassens! Gott ist das Wort dafür, daß alles zuletzt auf einen Sinn zuläuft. Dieser Sinn aber ist, so haben wir bedacht, nicht eine „Weltformel", sondern ein Du, Jesus nennt es: Vater!

Wenn ich bete, suche ich danach – und erfahre es vielleicht –, daß der tiefste Grund der Welt Sinn ist, Du ist, Liebe ist. Ich kann das, was in der Welt und in meinem Leben geschieht, oft genug überhaupt nicht mehr damit zusammenbringen, daß der tiefste Grund der Welt Liebe ist. Ich erlebe vielmehr oft genug, daß durch die Schöpfung ein tiefer Riß geht, der nicht zu heilen ist. Aber wenn ich bete, wenn ich mich vertrauend Gott lasse, kann ich die Erfahrung machen, daß durch alles Unerklärbare, durch alles Unverstehbare dennoch etwas von diesem letzten und tiefsten Vertrauensgrund durchscheint.

Das aber gibt Freiheit. Das kann die Erfahrung gewähren: „Du hast meinen Fuß auf weiten Raum gestellt." Auch und vielleicht gerade in Situationen, in denen ich wie eingeschlossen bin im Gefängnis der Sinnlosigkeit und Ungeborgenheit, kann das Gebet, in welchem ich versuche, mich in Gott hinein fallenzulassen, die innere Erkenntnis schenken: Ich bin gehalten! Ich gehöre zu den Freigelassenen der Schöpfung!

Ein Zeugnis dieser Erfahrung gibt uns ein Brief von Alfred Delp. Am 23. Januar 1945 (am 11. Januar war er zum Tode verurteilt worden) schreibt er aus dem Gefängnis an sein neugeborenes Patenkind:

„Lieber Alfred Sebastian, als große Freude und Ermunterung erhielt ich heute die Nachricht von Deiner Geburt. Ich habe Dir gleich mit meinen gebundenen Händen einen kräftigen Segen geschickt, und da ich nicht weiß, ob ich Dich im Leben je sehen werde, will ich Dir diesen Brief schreiben, von dem ich aber auch nicht weiß, ob er je zu Dir kommen wird ... Ja, mein Lieber, ich möchte Deinem Namen auch noch eine Last, ein Erbe zufügen. Du trägst ja auch meinen Namen. Und ich möchte, daß Du verstehst, was ich gewollt habe, wenn wir uns nicht richtig kennenlernen sollten, in diesem Leben. Das war der Sinn, den ich meinem Leben setzte, besser, der ihm gesetzt wurde: die Rühmung und Anbetung Gottes zu vermehren; helfen, daß die Menschen nach Gottes Ordnung und in Gottes Freiheit leben und Menschen sein können ... Ich lebe hier auf einem sehr hohen Berg, lieber Alfred Sebastian. Was man so leben nennt, das ist weit unten, in verschwommener und verworrener Schwärze. Hier oben treffen sich die menschliche und göttliche Einsamkeit zu ernster Zwiesprache. Man muß helle Augen haben, sonst hält man das Licht hier nicht aus ...

Dein Patenonkel Alfred Delp

Das habe ich mit gefesselten Händen geschrieben; diese gefesselten Hände vermach ich Dir nicht, aber die Freiheit, die diese Fesseln trägt und in ihnen sich selbst treu bleibt, die sei Dir schöner und zarter und geborgener geschenkt."

Zehn Tage nach diesem Brief, am 2. Februar 1945 wird Alfred Delp in Plötzensee erhängt. Seine letzte Notiz lautet: „Beten und glauben. Danke."

(Ein biblisches Zeugnis für diese Freiheitserfahrung ist in der Geschichte Daniels im Buch Daniel ‹Kap. 6› berichtet.)

Wie können wir uns einüben in ein Gebet, das – als Geschenk – Freiheit erfahren läßt? Es muß eine Einübung sein, in der wir es lernen, uns Gott zu überlassen. Denn Gott ist der Ort der Freiheit. Und je mehr wir es schaffen, uns Gott zu lassen, desto eher werden wir Gelassenheit, Freiheit erfahren können.

In einer aus dem Französischen übersetzten Gebetsunterweisung (H. Caffarel, Saal der tausend Türen. Einsiedeln 1979) lese ich folgendes: Ein savoyardischer Bauer, der außer seiner Berufsarbeit im öffentlichen Leben wichtige Aufgaben hat, berichtet, wie er als vierzehnjähriger Ministrant einmal den Mut aufgebracht habe, seinem Pfarrer, der in der Gemeinde als ein großer Beter galt, in der Sakristei die Bitte zu sagen: Ich möchte auch beten können. Die Antwort des Pfarrers bestand nur aus wenigen Worten, aber sie gaben einem ganzen Leben die Richtung an. Der Pfarrer sagte: Wenn du beten willst, dann denke fest daran, daß Gott da ist, und dann sage ihm: Herr, ich stelle mich dir zur Verfügung! – Seitdem sind es, so beschließt der Bauer seinen Bericht, vierzig Jahre, daß ich jeden Tag bete, indem ich versuche, mich Gott zur Verfügung zu stellen.

Sofort wird hier deutlich, daß Gebet und Leben eine Einheit bilden. Sich Gott zur Verfügung zu stellen, das ist in eindrucksvoller Weise ausgesagt in einem kleinen Gebet von Kaplan Eduard Müller, der 1943 mit drei anderen Lübecker Geistlichen hingerichtet worden ist: das Gebet mit offenen Händen:

Herr, hier sind meine Hände.
Lege darauf, was du willst.
Nimm hinweg, was du willst.
Führe mich, wohin du willst.
In allem geschehe dein Wille.

Als ganz einfaches, kurzes Morgengebet schlage ich manchmal vor: „Mein Herr und mein Gott, laß mich diesen Tag mit dir leben!" (Und am Abend: „Mein Herr und mein Gott, ich gebe diesen Tag in deine Hände zurück.")

Ob wir es nicht einmal versuchen: Wir stehen am Abend vor dem Kreuz, wir halten unsere offenen Hände hin und lassen zu, was in unserem Herzen aufkommen will: Gott, hier bin ich. Ich lasse mich dir. Ich will mich nicht mehr selbst festhalten. Führe du mich. Gib mir, was du mir geben willst. Ich will jetzt loslassen meine Verbitterung, meine Angst. Gott, ich halte dir meine offenen Hände hin. Und ich will damit sagen: Gott, ich vertraue dir. Ich glaube, daß du da bist. Was bin ich ohne dich! Was ist mein Leben und mein Sterben ohne dich! Gott, du allein!

Ich glaube, daß solches Beten uns dazu bereiten kann, die Erfahrung zu machen: „Du hast meinen Fuß auf weiten Raum gestellt." In einem Gedicht von Heinz Piontek (in: Lieb, Leid und Zeit und Ewigkeit. München 1981) fand ich diese Erfahrung ausgesagt:

Freies Geleit

Da wird ein Ufer
zurückbleiben.
Oder das End eines
Feldwegs.

Noch über letzte Lichter hinaus
wird es gehen.
Aufhalten darf uns
niemand und nichts!

Da wird sein
unser Mund
voll Lachens –

Die Seele
reiseklar –

Das All
nur eine schmale
Tür,

angelweit offen –

4. Der schweigende Gott

Da lese ich (in: Klaus Seehafer, Was hat denn das mit Gott zu tun? dtv-junior, München 1983): Der jüdische Schriftsteller Albert Ehrenstein, der in Wien aufgewachsen ist und 1950 in einem Armenhospital in New York gestorben ist, litt zeitlebens am Elend des Daseins, und am meisten litt er an der Gottesferne, am Schweigen Gottes. Eines Tages fällt in Wien in der Straßenbahn sein Blick auf ein Hinweisschild: „Dem Wagenführer ist es verboten, mit den Fahrgästen zu sprechen."

Das ist es, genauso ist es, sagt er sich. So ist es mit Gott und uns. Gott ist der Wagenführer, wir sind die Fahrgäste. Er spricht nicht mit uns! So erfährt es Albert Ehrenstein.

Wir sagen: Beten ist Sprechen mit Gott. Begegnung mit Gott. Aber: spricht er mit uns? Kommt er uns entgegen?

Alles Leben ist Spannungseinheit. Wenn Gott *das* große Leben ist, dann muß in ihm die größte, geheimnisvollste, von uns nicht mehr erfaßbare Spannungseinheit sein. In Gott ist sie Einheit, coincidentia oppositorum, Zusammenfall der Gegensätze, wie Nikolaus von Cues sagt, aber von uns aus nie zusammenzubringen. Eine Aussage über diese Spannungseinheit kann so lauten: Gott der Allernächste – Gott, der Allerfernste (Hans-Georg Gadamer). Man könnte die Spannungspole auch nennen: Gott, der Ganzandere – Gott, der Ganzähnliche (Hermann Stenger).

„Bin ich ein Nahgott nur und ein Ferngott nicht auch?", sagt Gott beim Propheten Jeremia. Da ist im Buch Exodus das Bild vom brennenden Dornbusch. In einem entlegenen Winkel der Wüste offenbart sich Gott dem Mose aus einer Feuerlohe: unfaßbar, unnahbar: „Tritt nicht näher herzu!" Aber zugleich kommt aus der Feuerlohe die Zusage der Nähe, die Offenbarung seines Namens. Ich bin da – bei euch! Ferne und Nähe.

Aber ist es mit dem Schweigen Gottes nicht doch noch anders? Nicht wie eine unnahbare Feuerlohe, sondern wie eine Nebelwand, undurchdringlich und unheimlich still. Kein Laut dringt aus ihr heraus, keine Spur führt in sie hinein. Man ruft und schreit in sie hinein, aber es kommt keinerlei Antwort, nicht einmal das Echo der eigenen Stimme. „Wahrhaftig, du bist ein verborgener Gott!" ruft Jesaja aus (45, 15). Das ist eine Wesensaussage von Gott!

Da gibt es eine Lebensstunde, in der wir die Nähe Gottes mit einer beglückenden Gewißheit verspüren, so daß der Glaube in diesem Augenblick keinen Zweifel mehr kennt. Und da gibt es eine andere Lebensstunde, in der nur noch diese eine Frage uns bedrückt: Wo bist du, Gott? Wir können beide Erfahrungen nicht mehr zusammenbringen. Ja, es ist möglich – und sogar wahrscheinlich –, daß der Glaubensweg, je entschiedener er die Nähe und die Übereinstimmung mit Gott sucht, immer stärker dieser Spannung ausgesetzt ist: Gott, der Allernächste – Gott, der Allerfernste. Sollte das damit zusammenhängen: je mehr wir das Gottesbild verlassen, das überwiegend die Züge unseres Entwurfs, unserer Vorstellung trägt, je mehr wir dem wahren Gott der Offenbarung uns nähern, um so mehr geraten wir in die Zone des Geheimnisses, wo das Schweigen angemessen ist, weil die Worte und Begriffe versagen. So wie das Gebet in den Zonen der Gottesnähe immer wortloser, immer mehr Schweigen wird, so scheint auch Gott immer mehr zu schweigen. Und doch ist dieses Schweigen hier wie dort nicht Verstummen!

Wenn wir nur nachdenken: Wie ist es mit dem schweigenden Gott im Gebet?, werden wir nicht weit kommen. Es ist besser, die zu befragen, die glaubwürdig bezeugen, daß sie etwas von Gott, dem Schweigenden, erfahren haben. Es sind die Mystiker. Vielleicht hilft uns ihr Zeugnis, uns aufmerksam zu machen auf Möglichkeiten der Gotteserfahrung, die auch uns gewährt sind. Zwei solcher Zeugnisse wollen wir vernehmen.

a) *Theresia von Lisieux* (gestorben 1897 mit 24 Jahren) schreibt: „Ich erfreute mich damals eines so lebendigen, so klaren Glaubens, daß der Gedanke an den Himmel mein ganzes Glück ausmachte; ich konnte mir nicht vorstellen, daß es Gottlose gäbe, die keinen Glauben haben. In den so freudvollen Tagen der Osterzeit aber ließ Jesus es zu, daß dichteste Finsternisse in meine Seele eindrangen und der mir so süße Gedanke an den Himmel bloß noch ein Anlaß zu Kampf und Qual war. Diese Prüfung sollte nicht nur ein paar Tage, ein paar Wochen dauern, sie sollte erst zu der vom lieben Gott bestimmten Stunde erlöschen, und diese Stunde ist noch nicht gekommen. Man muß durch diesen dunklen Tunnel gewandert sein, um zu wissen, wie finster er ist."

In ihrer Todeskrankheit war es ihr, als würde ihr höhnend zugesprochen: „Du träumst von Licht, du träumst vom ewigen Besitz des Schöpfers dieser Herrlichkeiten, du glaubst eines Tages den Nebeln, in denen du schmachtest, zu entkommen. Nur zu! Nur zu! Freu dich auf den Tod, der dir nicht das, was du erhoffst, bringen wird, sondern noch tiefere Nacht, die Nacht des Nichts!" „Wenn Sie wüßten, in was für Finsternisse ich getaucht bin!", sagt sie zu einer Mitschwester.

Eines Tages, sagt sie – in seltsamer Widersprüchlichkeit –: „Ich glaube nicht mehr an das ewige Leben, mir scheint, daß es nach diesem sterblichen Leben nichts mehr gibt, alles ist verschwunden, *es bleibt nur noch die Liebe!*"

Es geschieht das Seltsame, daß wie völlig unverbunden die Erfahrung der totalen Gottesabwesenheit, des totalen Schweigens Gottes neben der Erfahrung steht, die sie in ihrer Todeskrankheit sagen läßt auf die Frage, was sie erwarte:

„Lieben, geliebt werden und auf die Erde zurückkehren, um die Liebe zu lehren." „Nach meinem Tode werde ich Rosen regnen lassen ..." Mitten in der tiefsten Finsternis bricht für einen Augenblick das ganze Licht durch: „Ja, jetzt weiß ich es: alle meine Hoffnungen werden überreich erfüllt werden ..."

Die Sterbende schaut auf das Kruzifix und flüstert als letztes Wort: „Mein Gott, ich liebe dich!" Nach diesen Worten fällt ihr Haupt zurück. „Öffnet alle Türen!" befiehlt die Priorin den Schwestern, die um das Bett der Toten knien. Es ist, als spürten sie, daß eine unerhörte Weite sich auftun will.

Von solchen Zeugen her, die gleichsam auf der Grenze leben, können wir etwas erahnen von dem, was das Schweigen Gottes ist. Es scheint, daß da, wo ein Mensch angesichts des Schweigens Gottes es nicht aufgibt, nach Gott zu suchen oder auch mit ihm zu hadern, also nicht von ihm abläßt, daß da trotz des Schweigens Gottes im Herzen eine Stimme sagt: Verzweifle nicht!

Wenn Gott das unsagbare Geheimnis ist, der auch dann Geheimnis bleibt, wenn er sich offenbart, dann muß es so sein, daß der Beter ihn als den Allerfernsten und als den Allernächsten erfährt – und er kann diese Spannung nicht mehr zusammenbringen.

Ja, vielleicht ist es sogar so: Je mehr Gott vom Beter in dieser für uns unüberbrückbaren Spannung erfahren wird als der Schweigende, der doch den Beter anzieht – um so wahrscheinlicher ist es, daß es der wahre, lebendige Gott ist, vor den dieser Beter kommt, nicht jener Gott, der nach unseren Maßstäben entworfen ist.

b) Das zweite Zeugnis: *Johannes vom Kreuz* (1542–91) (Zum Folgenden vgl. Walter Repges, Johannes vom Kreuz. Der Sänger der Liebe. Echter-Verlag, Würzburg 1985. Dort auch die Übersetzung des Gedichts „Obwohl es Nacht ist"). Mit Teresa von Avila führte er die Reform des Karmeliterordens durch. Aber er stieß im Orden auf den erbittertsten

Widerstand. Die Gegner der Reform nahmen ihn eines Nachts gefangen und steckten ihn in ein enges, dunkles Loch, wo er in Schmutz und Hunger, von Ungeziefer geplagt und in Verlassenheit neun Monate dem Tode näher ist als dem Leben. Er ist in der dunkelsten Nacht. Aber in dieser tiefen Nacht der Sinne und des Geistes erfährt er in unerhörter Weise *das* Licht, das Liebe ist. Wie ein Jubel steigt es in immer neuen Strophen aus ihm auf: das Lied der Liebe.

Endlich gelingt ihm in einer Nacht die Flucht. Es drängt ihn, von diesem Licht, das er in tiefer Nacht erfahren hat, Zeugnis zu geben.

In einer dunklen Nacht,
entflammt von Liebessehnen,
o seliges Geschick,
entfloh ich unbemerkt,
da nun mein Haus in Ruhe lag.

O Nacht, die mich lenkte!
O Nacht, holder als das Frührot!

„Er fand den Weg zum Kloster der reformierten Karmelschwestern in Toledo. Man ließ ihn eintreten. Und vor den Augen und Ohren der erschütterten Schwestern berichtet er, was ihm widerfahren war. Doch es war keine Anklage, kein Protest, sondern strahlendes, in Versen ihm von den Lippen strömendes Glück: Ich bin der Wirklichkeit begegnet, die hinter allen Erscheinungen wirklich ist, und ich habe sie als Leben, Licht und Liebe erfahren – und war dabei in tiefer Nacht!" (Walter Repges).

In seinem Gedicht: „Obwohl es Nacht ist" beschreibt er seine Erfahrung:

Wie gut weiß ich den Quell,
der fließt und strömt,
obwohl es Nacht ist.

1 Ja, jene ew'ge Quelle ist verborgen.
Doch weiß ich gut, wo ihre Bleibe ist,
obwohl es Nacht ist.

2 Den Ursprung kenn ich nicht, denn sie hat keinen.
Doch aller Ursprung stammt aus ihr. Ich weiß es,
obwohl es Nacht ist.

3 Ich weiß, daß nichts so schön sein kann wie sie,
daß Himmel und die Erde aus ihr trinken,
obwohl es Nacht ist.

4 Ich weiß, es findet sich kein Grund in ihr,
und keines Menschen Fuß kann sie durchwaten,
obwohl es Nacht ist.

5 Die Klarheit, die sie hat, wird nie verdunkelt,
und alles Licht – ich weiß es – stammt von ihr,
obwohl es Nacht ist.

6 Ich weiß, daß ihre Ströme, reich an Wasser,
die Hölle, Himmel und die Völker tränken,
obwohl es Nacht ist.

7 Der Strom, den dieser Quell aus sich entläßt
ist mächtig, ja allmächtig, wie ich weiß,
obwohl es Nacht ist.

8 Dem Strom, der aus den beiden hier hervorgeht,
ich weiß's, geht keiner von den zwein voran,
obwohl es Nacht ist.

9 Ja, diese ew'ge Quelle ist verborgen
in diesem Brot, um Leben uns zu geben,
obwohl es Nacht ist.

10 Von hier wird alle Kreatur gerufen,
und dieses Wasser sättigt sie – im Dunkeln,
weil es ja Nacht ist.

11 Den Lebensquell, nach welchem ich mich sehne,
in diesem Brot des Lebens seh' ich ihn –
jedoch bei Nacht.

„Wie gut *weiß* ich ...", in jeder Strophe kehrt das wieder. So gewiß ist seine Erfahrung. Es ist jenes Wissen – anders als das Wissen des Wissenschaftlers –, von dem Paulus schreibt: „Wir verkündigen Weisheit unter den Vollkommenen, aber nicht Weisheit dieser Welt ... Vielmehr verkündigen wir das Geheimnis der verborgenen Weisheit

Gottes, die Gott vor allen Zeiten vorausbestimmt hat zu unserer Verherrlichung ... Wir verkündigen, wie es in der Schrift heißt, was kein Auge gesehen und kein Ohr gehört hat, was keinem Menschen in den Sinn gekommen ist: das Große, das Gott denen bereitet hat, die ihn lieben. Denn uns hat es Gott enthüllt durch den Geist ..." (1 Kor 2, 6).

Es ist das, was Pascal im Mémorial mit dem zweimaligen „Gewißheit. Gewißheit" (Certitude) ausruft, „nicht der Philosophen und Gelehrten"! Und diese Gewißheit ist reines Geschenk, sie ist nicht wie die Gewißheit des Wissenschaftlers „erobert" worden, Ergebnis einer menschlichen Denkanstrengung. Sie ist in die offene Leere des Menschen, der alles auf Gott hin losgelassen hat, hineingeschenkt. Viele Menschen glauben, weil andere glauben – und das ist rechtens. Aber es gibt einige, die glauben, weil sie etwas *erfahren* haben. Sie sind wie Säulen, die das Glaubensgebäude tragen. Sie haben erfahren, daß der schweigende Gott da ist!

Der Abgrund zwischen uns und dem schweigenden Gott – gibt es keinen Steg hinüber und herüber? Hat er nicht gesprochen? Gibt es nicht sein Wort? Gott hat sein Liebeswort in die Welt hinein gesprochen: „So sehr hat Gott die Welt geliebt, daß er seinen einzigen Sohn hingab, damit jeder, der an ihn glaubt, nicht zugrunde geht, sondern das ewige Leben hat" (Joh 3, 16). Das Wort von Gott her ist die Brücke über den Abgrund. Und so kommt alles darauf an, dieses Wort zu hören und zu tun!

Abgründe bleiben, Abgründe von Nichtverstehenkönnen – aber über die Abgründe hinweg, gegen alle Finsternis die Antwort der Liebe zu geben versuchen: ob dann Gott nicht *im Inneren des Menschenherzens* ansetzen kann und ein Schimmer von Hoffnung in uns aufleuchten kann? „Er mag mich töten, ich harre auf ihn", sagt Ijob (13, 15).

Bischof Hemmerle schreibt (in: Brücken zum Credo. Verlag Herder, Freiburg 1984): „Wenn man mich fragte, ob ich in zwei Worten meinen ganzen Glauben sagen könnte, dann müßte ich eine lateinische Formel wählen: Credidimus caritati ... Der gesamte Text des einschlägigen Verses aus dem 1. Johannesbrief ist in der Einheitsübersetzung der Heiligen Schrift zutreffend wiedergegeben: ‚Wir haben die Liebe, die Gott zu uns hat, erkannt und gläubig angenommen' (1 Joh 4, 16a) ... Wir verlassen uns auf die Liebe Gottes, die ihr Äußerstes und Letztes mitteilt in der Menschwerdung und im Tod des Sohnes Gottes. Diese Menschwerdung und dieser Tod und darin die Liebe selbst als Wesen und Geheimnis Gottes, von dem her alles das, was Gott uns sagt und tut, aber auch alles das, was Welt und Leben umfaßt, neu zu sehen und zu deuten ist: dies ist der Inhalt des Glaubens!"

Diesen Glauben bekennt auch Paulus: „Soweit ich aber jetzt noch in dieser Welt lebe, lebe ich im Glauben an den Sohn Gottes, der mich geliebt und sich für mich hingegeben hat" (Gal 2, 20b). Und: „Ist Gott für uns, wer ist dann gegen uns? Er hat seinen eigenen Sohn nicht verschont, sondern ihn für uns alle hingegeben – wie sollte er uns mit ihm nicht alles schenken?" (Röm 8, 31 b.32).

Als Karl Leisner nach der Befreiung aus dem KZ Dachau sterbend im Krankenhaus lag, sagte er, zurückblickend auf die schrecklichen Jahre, seinem Freund und Mitgefangenen als sein Bekenntnis dieses „Credidimus caritati – Wir haben der Liebe vertraut!" Das Durchhalten dieses Liebesvertrauens im Abgrund ständiger Todesbedrohung hat offenbar in seinem Herzen soviel Licht aufgehen lassen, daß er zum Zeugen der Anwesenheit Gottes werden konnte, des Gottes, der sich in der Wolke verbarg.

In seinen Lebenserinnerungen „Die vergebliche Warnung" beschreibt Manès Sperber ein für sein Leben bestimmendes Bild: „Zu den Gleichnissen, die ich seit Jahrzehnten am häufigsten in Romanen, Essays und Vorträgen benutzt habe, gehört eines, in dem es sich um eine Brücke handelt, die nicht existiert, sondern sich Stück um Stück unter den Schritten dessen ausbreitet, der den Mut aufbringt, seinen Fuß über den Abgrund zu setzen. So mag die Brücke nicht das andere Ufer erreichen, das übrigens wohl gar nicht existiert. Der werdende, doch nie vollendete Mensch auf der

Brücke, die nur so weit reicht wie sein Mut, somit nie weit genug, ist der Held und Unheld all meiner Bücher geworden."

Ist das auch ein Bild für den Beter vor dem schweigenden Gott? Ich stelle diesem Bild ein anderes gegenüber:

Gleich darauf forderte er die Jünger auf, ins Boot zu steigen und an das andere Ufer vorauszufahren. Inzwischen wollte er die Leute nach Hause schicken. Nachdem er sie weggeschickt hatte, stieg er auf einen Berg, um in Einsamkeit zu beten. Spät am Abend war er immer noch allein auf dem Berg. Das Boot aber war schon viele Stadien vom Land entfernt und wurde von den Wellen hin und her geworfen; denn sie hatten Gegenwind. In der vierten Nachtwache kam Jesus zu ihnen; er ging auf dem See. Als ihn die Jünger über den See kommen sahen, erschraken sie, weil sie meinten, es sei ein Gespenst, und sie schrien vor Angst. Doch Jesus begann mit ihnen zu reden und sagte: Habt Vertrauen, ich bin es; fürchtet euch nicht! Darauf erwiderte Petrus: Herr, wenn du es bist, so befiehl, daß ich auf dem Wasser zu dir komme. Jesus sagte: Komm! Da stieg Petrus aus dem Boot und ging über das Wasser auf Jesus zu. Als er aber sah, wie heftig der Wind war, bekam er Angst und begann unterzugehen. Er schrie: Herr, rette mich! Jesus streckte sofort die Hand aus, ergriff ihn und sagte zu ihm: Du Kleingläubiger, warum hast du gezweifelt? Und als sie ins Boot gestiegen waren, legte sich der Wind. Die Jünger im Boot aber fielen vor Jesus nieder und sagten: Wahrhaftig, du bist Gottes Sohn. (Mt 14, 22–33)

Vom anderen Ufer her, von dem her, der uns manchmal wie zu einem Gespenst verfremdet ist, kommt uns ein Anruf entgegen, der die Brücke über dem Abgrund gewährt, wenn wir es nur wagen, zu vertrauen. Es kann sein, daß dieses „Komm" vom anderen Ufer in Sturm und Finsternis unserer Lebensstunde fast nicht mehr von uns gehört werden kann. Aber wenn wir nicht aufhören, in die Nacht hinein zu lauschen, werden wir es vernehmen. Es wird uns wie ein ungeheures Wagnis vorkommen, den Bootsrand zu verlassen, die eigene, wenn auch vielleicht schwankende Sicherheit loszulassen und sich mit der ganzen Existenz diesem „Komm" anzuvertrauen, über den Abgrund hinweg. Aber dieses Loslassen seiner selbst, das Leerwerden im Hin zu

Ihm – es ist die Voraussetzung dafür, daß Er uns entgegenkommt. „Laßt ab und erkennt, daß ich Gott bin", sagt der Psalm 46. Werdet leer von euch selbst („vacate" heißt es in der lateinischen Übersetzung) – und ihr erkennt, daß ich Gott bin. Selbst noch im Abbruch unseres Vertrauens und doch schreiend zu Ihm, können wir seine rettende Hand erfahren: „Jesus streckte sofort seine Hand aus und ergriff ihn."

Gewiß, es gibt auch dies, daß ein Mensch vor dem Abgrund von Leid erstarrt und jede Klage und Frage versteinert. Kein Hören und kein Antworten mehr. Letzte Armut.

Aber ob der Gott Jesu Christi, der ein Gott der Armen ist, der den Schrei des Gekreuzigten, den Schrei der Verlassenheit gehört hat, der aus den Steinen sich Kinder Abrahams erwecken kann, solchem im Leid fast versteinerten Herzen nicht ganz nah ist?

„Kein anderer Gedanke als der, wie es ginge, dem Tag etwas Gold auszuwaschen. Ein Korn bloß"

(Erhart Kästner)

„Am Schluß ist das Leben nur eine Summe aus wenigen Stunden, auf die man zulebte. Sie sind; alles andere ist nur ein langes Warten gewesen." Das klingt nicht sehr günstig für unseren gewöhnlichen Alltag. Ist es so, daß im Grunde nur die großen Tage zählen – oder die wir für groß halten –, und alle anderen Tage, die vielen gewöhnlichen Alltage sind nur graue Zwischenstrecken?

Das Wort ist von Erhart Kästner. Ein anderes Wort von ihm gibt uns Antwort auf unsere Frage. Es bezog sich auf einen Künstler, einen Maler, der an seinem Werk arbeitete, Tag für Tag: „Kein anderer Gedanke als der, wie es ginge, dem Tag etwas Gold auszuwaschen. Ein Korn bloß" (Erhart Kästner: Die Lerchenschule). Das Bild ist genommen von den Goldwäschern. Sie sitzen am Flußufer, von morgens bis abends rinnt der Sand durch das Sieb: vielleicht ist ein Goldstäubchen, ein Goldkörnchen zu entdecken: „Kein anderer Gedanke als der, wie es ginge, dem Tag etwas Gold auszuwaschen. Ein Korn bloß."

Ich stelle mir vor, daß dieses Wort sehr verschieden verstanden und gedeutet wird. Ein Künstler wird es anders verstehen als ein Kaufmann. Wie versteht es der Gelähmte, der seit Jahren an sein Krankenlager gefesselt ist? Wie versteht es eine achtzigjährige einsame Frau?

Was ist das, was wir aus dem Alltag, aus dem Fließsand, dem Treibsand der Zeit herauswaschen können? Heute? Etwas, das bleibt, etwas, das durchscheint durch das Gewöhnliche, Graue, Alltägliche? Etwas, das leuchtet? Ich glaube, daß es in jedem Tag darinsteckt.

Kürzlich sagte mir ein junger Mann, der ein schwermütiges Naturell hat: Ich muß erfinderisch sein, daß jeden Tag etwas da ist, worauf ich mich freuen kann, und sei es auch nur eine Winzigkeit, wie etwa das Hören einer Musik, der Anruf bei einem befreundeten Menschen – oder so etwas.

Da gibt es eine seltsame Erfahrung: Am ehesten kann im Treibsand der Tage und der Zeit ein Goldkörnchen durchschimmern, also etwas, das uns froh macht, etwas, das bleibt, das Bestand hat: wenn wir nicht etwas *haben* wollen oder festhalten wollen, sondern wenn wir uns selber einbringen, ja wenn wir uns selber loslassen.

„Kein anderer Gedanke als der, wie es ginge, dem Tag etwas Gold auszuwaschen. Ein Korn bloß." Wie versteht ein Christ dieses Wort? Ein Tag, an dem etwas Vertrauen, etwas Liebe durchgekommen ist – er bleibt, er ist nicht verloren, da schimmert Gold durch! Ein Tag, an dem etwas von Christus durchscheinen konnte, der bleibt, der ist nicht verloren, da schimmert Gold durch.

„Worin ich euch antreffe“

Predigt zum 33. Sonntag – A (18. 11. 1984):
1 Thess 5, 1–6

In der Lesung steht der Satz: „Ihr selbst wißt genau, daß der Tag des Herrn kommt wie ein Dieb in der Nacht ... Darum wollen wir nicht schlafen wie die anderen, sondern wach und nüchtern sein.“

Es gibt ein Jesuswort, das nicht im Evangelium steht, sondern in anderen Schriften aus der frühesten christlichen Zeit überliefert ist. Das Wort lautet: „Worin ich euch antreffe, darin werde ich euch auch richten.“

Dieses Wort Jesu: „Worin ich euch antreffe, darin werde ich euch auch richten“ ist ein ernster Ruf zur Bereitschaft; ein Wort, das zum Wachsein aufruft.

Was ist damit gemeint „Worin ich euch antreffe“? Es kann sicher nicht irgend etwas Augenblicklich-Zufälliges sein. Es ist damit gemeint: die Wegrichtung, die Lebensrichtung, in die ein Mensch geht!

Und so frage ich mich: Was ist meine Wegrichtung jetzt, so wie ich jetzt lebe? Wohin zielen die tiefsten Sehnsüchte und Wünsche meines Herzens? Bin ich ein Liebender, ein Vertrauender, oder bin ich auf mein eigenes Ich gerichtet? „Worin ich euch antreffe, darin werde ich euch auch richten.“ – Worin trifft er mich an? Woraufhin geht mein Herz?

Wenn ein Schiff am Anfang seiner Ausfahrt über das Meer nur ein wenig vom Kurs abweicht, erreicht es den Zielhafen nicht. Muß sich das Steuerruder meines Lebensschiffes nicht immer wieder neu ausrichten? „Worin ich euch antreffe, darin werde ich euch auch richten.“

Ich habe gelesen, daß Flugzeuge im Nebel oder im Dunkel von einem unsichtbaren Leitstrahl geführt werden, der vom Flughafen ausgesandt wird. Das Flugzeug gleitet gleichsam bei der Landung auf diesem Leitstrahl zur Erde hin.

Kann das ein Bild für uns sein? Von Gott geht sozusagen verborgen ein „Leitstrahl" zu uns hin, er will uns heimführen, daß wir sicher ankommen. Nun aber kommt es ganz darauf an, daß wir gleichsam feine „Antennen" ausgespannt haben, diesen Leitstrahl zu ertasten: für meine Lebensrichtung! Was meint Gott mit mir? Ertaste ich es? Bin ich mit meinem Christsein auf dem Weg zu ihm? Ist meine Wegrichtung auf ihn gerichtet? „Worin ich euch antreffe, darin werde ich euch auch richten."

Ein Mitbruder von mir sagte mir einmal: Ich habe mir an einem Tag gründlicher Besinnung zwei Sätze aufgeschrieben, nach denen ich meine Wegrichtung immer wieder neu suchen will: Der erste Satz: „Ich will mich nicht einschläfern lassen!" Ich will, das meint dieser erste Satz, wach bleiben; ich will mich nicht in falsche Anpassung ablenken lassen von dem Angebot der Welt, von dem Vielerlei, das mein wahres Lebensziel vergessen machen kann.

Der zweite Satz lautet: „Ich will mich Dir, Gott, nicht entziehen." Ich will mich dem Willen Gottes hinhalten, auch wenn ich weglaufen möchte.

Könnten wir uns diese beiden Sätze zu eigen machen: „Ich will mich nicht einschläfern lassen" und „Ich will mich Dir, Gott, nicht entziehen"?

Jesus sagt: „Worin ich euch antreffe, darin werde ich euch auch richten."

Herr, rufe uns aus aller falschen Ablenkung heraus auf Deinen Weg. Richte Du jetzt in der Kraft Deines Wortes und Deiner Gnade meinen Weg, damit er auf Dich hin gerichtet ist. Wenn Du kommst, wenn ich vor Dein Angesicht komme – laß es geschehen, daß ich dann vor Dir bestehen kann. Herr, verwandle mein Leben so, daß es sich immer mehr zu Dir hin bekehrt. Ich weiß: Ich werde einmal vor Dir bestehen können, wenn ich jetzt, in diesem meinem Leben versucht habe, ein Liebender zu sein. Amen.

3

Schläft ein Lied in allen Dingen

*

Auf dem Pfad der Nacht
erreichst du die Morgenröte

„Schläft ein Lied in allen Dingen ...“

(Joseph von Eichendorff)

Einer der bekanntesten und liebenswürdigsten deutschen Dichter ist Joseph Freiherr von Eichendorff. Manche seiner Gedichte sind vertont worden und wie Volkslieder bekannt geworden, etwa „Ich reise über's grüne Land“ oder „In einem kühlen Grunde, da geht ein Mühlenrad“ oder „Mich brennt's an meinen Reiseschuhn“.

Eichendorff ist 1788 in Oberschlesien geboren. Er war ein tiefgläubiger Christ. Ich möchte einzelne Verse dieses Dichters sagen und in christlichem Sinne auszulegen versuchen. Den Anfang soll jener wunderbare Vers machen, der wie aus einer versunkenen Welt heute zu uns kommt:

Schläft ein Lied in allen Dingen,
Die da träumen fort und fort,
Und die Welt hebt an zu singen,
Triffst du nur das Zauberwort.

Ich sagte, daß dieser Vers heute wie aus einer versunkenen Welt zu uns kommt. Denn: Können wir unsere durch Wissenschaft und Technik entzauberte Welt, unsere durch Verschmutzung und durch Zerstörung bedrohte Welt noch mit so erleuchteten Augen sehen wie es dieser begnadete Dichter der Romantik konnte?

Einmal las ich ein ähnliches Wort von Erhart Kästner in seinem „Zeltbuch von Tumilat“. Er war in Ägypten in Kriegsgefangenschaft, das Lager im Wüstensand. Während viele seiner Kameraden in Langeweile dahindämmerten, schrieb er: „Tiefes Glück, unter Dingen zu leben, die man, eins nach dem anderen, durch einen Schlag mit dem Zauberstab aus der Verwünschung erlöst.“

Ja, wer sich das bewahrt hat, mitten in einer Welt des Machens und der Weltausnützung: das schlummernde Lied in der Schöpfung zu wecken, das Geheimnis in allen Dingen mit den Augen des Staunens und der Ehrfurcht anzuschauen ...!

Aber ich denke, daß wir dem Vers von Eichendorff „Schläft ein Lied in allen Dingen" noch einen tieferen Sinn abgewinnen dürfen. Seit Ostern, seit der Auferstehung Jesu Christi, „schläft" eine geheimnisvolle Kraft in der Schöpfung. Verborgen in unserer sichtbaren Welt, die vergeht, liegt eine Kraft, die einmal alles verwandeln wird: die Kraft der Auferstehung! Wie ein Sauerteig, der verborgen wirkt. Wie eine wunderbare innere Strahlungskraft, die Leben und Liebe ist. Als Jesus ins Grab gelegt wurde, in unsere Erde, da wurde dieser Keim des österlichen Lebens in die Erde hineingelegt. Als er von Gott auferweckt wurde, ging sein Auferstehungsleben verborgen auf den ganzen Kosmos über. Im dritten Hochgebet der hl. Messe heißt es deshalb: „Durch deinen Sohn, unseren Herrn Jesus Christus, und in der Kraft des Heiligen Geistes erfüllst du die ganze Schöpfung mit Leben und Gnade": mit Auferstehungsleben!

Noch ist es ganz verhüllt. Aber Paulus sagt im Römerbrief: „Die ganze Schöpfung wartet sehnsüchtig auf das Offenbarwerden ... Wir wissen, daß die ganze Schöpfung seufzt und in Geburtswehen liegt!"

„Wir deine Verstecke"

(Kurt Marti)

In der Bibel heißt es, daß der Mensch sich vor Gott versteckte. Und Gott rief: Adam, wo bist du? Hier aber wird von Gott gesagt, daß er sich in uns versteckt: „Wir – deine Verstecke."

Hat er sich in uns verborgen? Oder haben wir ihn in uns „versteckt"? Meister Eckhart sagt: „Gott ist in uns daheim, wir sind draußen."

Ihn in uns aufzufinden, das ist unsere wahre Lebensaufgabe.

Kinder spielen das Versteckspiel. Wer den Versteckten findet, hat gewonnen. Wer Gott findet, hat gewonnen!

Gott, wo versteckst du dich in meinem Leben? Jetzt in dieser Lebensstunde?

Es gibt Stunden in meinem Leben, leidvolle, da versteckt er sich so tief, daß ich ihn nicht mehr finden kann. Aber wenn er mir dann doch aus seinem Versteck ein Zeichen gibt und ich ihn finde, dann verwandelt sich alles.

Warum verbirgt er sich in mir? – Die Frage bleibt lange in mir.

Es wird wohl ein Segen für mich sein, daß er sich in meinem Lebenshaus versteckt. Er ist der geheime Schatz in meinem Lebenshaus, der alles geheimnisvoll verwandelt.

Alle Gotterfahrenen sagen: Würde er sich ganz offen zeigen, könnte ich nicht mehr leben.

Aber auch ich bin es, der ihn versteckt. Verdrängt. Als wäre er nicht mehr da. Das ist ganz schlimm. Eine jüdische Geschichte erzählt: „Rabbi Baruchs Enkel, der Knabe Jechiel, spielte einst mit einem anderen Knaben Versteck. Als er lange gewartet hatte, kam er aus dem Versteck; aber der andere war nirgends zu sehen. Nun merkte Jechiel, daß jener ihn von Anfang an nicht gesucht hatte. Weinend kam er in die Stube seines Großvaters gelaufen und beklagte sich über den bösen Spielgefährten. Da flossen Rabbi Baruch die Augen über, und er sagte: So spricht Gott: Ich verberge mich, aber keiner will mich suchen ..."

Kann es einen schöneren, wichtigeren Dienst geben, als Menschen aufmerksam zu machen auf das, was dieses Wort sagen will: „Wir – deine Verstecke"?

Ich werde einen neuen Blick für den Menschen gewinnen, wenn ich glauben kann, daß Gott sich in ihm versteckt hat!

Jetzt beginne ich zu verstehen

„Knapp wie der Strich eines Künstlers im Alter", so lese ich bei Erhart Kästner. Und er fügt hinzu: „Denn Gott macht das Gewaltige gewaltig; das Gewaltigste aber malt er mit dem feinsten Stift und mit seinen leisesten Pinselzügen." Das ist eine Aufgabe und eine *befreiende* Möglichkeit des Alters: einfach werden, weglassen! Man kann dies oft sehen am Spätstil von Künstlern: die Werke werden einfacher und tiefer, wesentlicher. C. F. von Weizsäcker schreibt: „Die formalen Merkmale des Altersstils: ein Wegsinken der Pflicht und des Ehrgeizes, klassisch zu sein; die unglaubliche Dichte distanzierter Direktheit – ‚als ich siebzig war, konnte ich meines Herzens Regungen folgen', sagt Konfuzius" (Der Garten des Menschlichen). „Ein Wegsinken der Pflicht und des Ehrgeizes, klassisch zu sein" – wir werden überlegen müssen, wie das für uns zu übersetzen ist. Die Grundlinien unseres Lebens – und Betens! – können einfacher, tiefer, dichter, wahrhaftiger werden, auch überzeugender.

Dahin gehört auch die andere Bemerkung Erhart Kästners: „Das fortschreitende Leben schenkt keine matteren Eindrücke, wie man irrtümlich glaubt, sondern stärkere." Die Fähigkeit, Leistungen nach außen hin zu erbringen, läßt nach. Der Anruf aber und die Fähigkeit, den Weg nach innen zu gehen und von innen her zu reifen, wird stärker. Das zu erkennen und wahrzunehmen ist eine Chance des Alters. Mancher Alternde verpaßt diese Chance, indem er immer noch den Akzent auf die Leistung setzt, vielleicht um damit doch noch Ansehen auf sich zu ziehen, und den

Weg der inneren Reifung versäumt. „Der Sinn des Alters ist nicht die Leistung in der Welt, sondern die Reife." Jene Reife, in der die Berufung zu Gott hin immer mehr durchkommen kann und die „etwas Lichtes, Wärme, Sicherheit, Angstlosigkeit ausstrahlen kann" (Graf Dürckheim). Vielleicht kann diese Reife um so eher wachsen, als eine liebende Bejahung des Lebens und der Welt vorausgegangen ist. Erfahrungsgemäß wirkt sich der angstmachende Schatten im Alter um so stärker aus, als das wahre, von Gott gemeinte Leben nicht gelebt worden ist.

Eine Erinnerung taucht in mir auf. Meine Großeltern wohnten auf einem Bauernhof, der in Holland sehr einsam in den Rheinwiesen gelegen war. Es war damals, in meiner Kindheit, noch ein Bauernhof alten Stils: Mit Riet gedeckt, ohne elektrisches Licht, ein Ziehbrunnen unter den hohen Bäumen vor dem Wohnhaus; wegen des Hochwassers vom Rhein her waren Haus und Scheune auf einem „Poll" gebaut, einem künstlich aufgeworfenen Hügel. Nach dem Abendessen saßen die Großeltern im Sommer draußen auf einer Bank, von der man in die weite Wiesenebene schaute. Selten wurde ein Wort gesprochen, schweigend schauten sie in die stille Landschaft, in der hin und wieder der Ruf des Kiebitzes zu hören war. Unvergeßlich sind mir diese Abendstunden geblieben, in die ich als Kind einbezogen wurde.

Heute denke ich mir, daß meine Großeltern das taten, was wir heute mühsam und oft kümmerlich genug in Meditationskursen zu erlernen versuchen. Das ahnte ich wohl, daß dieses Schweigen der alten Großeltern für sie eine gesegnete Stille war. Wenn dann der kühle Abendhauch zu spüren war, gingen die Großeltern ins Haus, und mit der ganzen Familie, mit Knecht und Magd, wurde in der Küche, vor den geflochtenen Stühlen kniend, der Rosenkranz gebetet.

Versunkene Zeit. Aber muß das versunken sein, was bleibend dem Alter zugewiesen ist: in der Stille, im Verweilen die innere Welt wahrnehmen; das Schmecken und Kosten der Dinge von innen her (Ignatius)? Und so erwartungsvoll offen werden für die kommende Welt?

In seinem Buch „Die vergebliche Warnung" schreibt Manès Sperber zu einer Betrachtung von Rembrandt-Bildern in Amsterdam:

„Ich hatte das Gefühl, daß in alldem ein Gleichnis enthalten wäre, welches ich eines Tages aufdecken und enträtseln müßte. Da war das Licht der Farben, das ein Dunkel verhüllte und gleichermaßen zur Geltung brachte. Das Licht scheint in der Finsternis, aber verjagt sie nicht, sondern begrenzt sie nur. Auch auf Bildern anderer Maler sah ich ähnliches, aber bei Rembrandt fand sich noch eine Besonderheit, die mich in uferlose Nachdenklichkeit versetzte: Die Gesichter der Porträtierten waren zumeist undeutlich in all ihren Zügen und Merkmalen, aber wenn ich sie lange genug betrachtet hatte, war mir, als ob es nur eines Wenigen bedürfte, damit ich in ihnen noch viel mehr erblicken könnte, als ich sah: Ein ganzes Leben war noch da, nicht dargestellt, nicht in Falten halb versteckt, es war unmittelbar da. Die schweren Rahmen begrenzten die Fläche des Bildes, aber nicht seine Tiefe." Sind solche Augen, die die Tiefe der Dinge ahnen können, nicht ein Geschenk des Alters? „Alles Sichtbare ist ein in einen Geheimniszustand erhobenes Unsichtbares" (Novalis).

In seinem anderen Buch „Die Wasserträger Gottes" schreibt Sperber: „An manchem Freitagabend erschien, stets unangemeldet, der Großvater meines Vaters. Als ich ihn kannte, war er bereits über achtzig; ein langer, weißer Bart bedeckte seine Brust; wenn er im Gespräch den Kopf zurückwarf, erblickte man eine schneeweiße oder dunkle seidene Schnur an seinem Kragen. Seine Augen waren jung geblieben – furchterregend, wenn er böse oder auch nur mit irgendeiner Meinung nicht einverstanden war. Sonst aber war sein Blick aufmerksam, ja kindlich neugierig ...

Er verbrachte sein Leben mit Lernen, dem Studium der heiligen Bücher und ihrer Kommentare; auch deshalb zog er sich von der Welt zurück. In frühester Morgenstunde lief er aus dem Haus, um sein kaltes Tauchbad zu nehmen. Er lief, denn er hatte keine Zeit. Dem Arzt, der dem Greis nahelegte, seinen Eifer zu mäßigen, erklärte er: ‚Ich habe keine Minute zu verlieren, denn erst jetzt beginne ich, *wirklich* zu verstehen. Jetzt erst offenbart sich mir, was allein das Wesentliche ist.'

Ja, Reb Boruch lief, weil das Studium ihm keinen freien Augenblick ließ, aber auch weil er den Menschen ausweichen wollte. Er vertrug die Banalität nicht und nicht die Alltäglichkeit. Er ging fast nie ins Bethaus, sondern verrichtete seine Gebete im Studierzimmer. Manchmal, bei Anbruch des Abends, mochte es geschehen, daß er im weißen Kittel das Haus verließ und zu dem Hügel eilte, von dem aus er Ausschau hielt nach dem Messias; dieser mußte zwar nicht gerade zu dieser Stunde kommen, aber es gab keinen Augenblick, in dem er nicht hätte kommen können. Ich weiß nicht, ob mein Urgroßvater wirklich enttäuscht heimkehrte."

Der Wüstentag

Das Wort kommt aus der Sprache von Charles de Foucauld. Ein Wüstentag bedeutet: einen ganzen Tag mit sich allein in der Stille sein. Wir nennen ihn Wüstentag, weil es ein Tag in Einsamkeit sein soll, auch wenn ich ihn in einem angenehmen Haus und in einer schönen Landschaft verbringe. Aber ich muß mit mir allein sein; ich muß mich an diesem Tag mir selber stellen. Es ist also kein Tag, an dem liegengebliebene Briefe beantwortet, Zeitschriftenaufsätze gelesen oder Bücher exzerpiert werden.

Mein Vorschlag: Alle drei Monate, also einmal im Vierteljahr, einen Wüstentag halten! Er muß lange vorher im Terminkalender eingetragen werden, sonst wird nie Zeit dafür da sein.

Früher habe ich gedacht, es wäre gut, einen solchen Tag jeden Monat zu halten. Aber ich habe gefunden, daß das für die meisten eine Überforderung ist. Eine Spanne von drei Monaten ist die Zeit, die noch überschaubar ist, in der Trends erkennbar sind.

Ich muß von zu Hause weggehen. Auch wenn mich zu Hause niemand stören würde – die gewohnte Umgebung würde zu viele Möglichkeiten des Ausweichens, der Ablenkung bereithalten. Ich suche mir ein Haus, wo man mich in Ruhe läßt. Am besten wäre es, wenn ich mir diesen Tag mit beiden Übernachtungen nehmen kann, sonst aber von morgens bis zum anderen Morgen, notfalls von morgens bis abends.

Was tut man an einem solchen Tag? Jemand sagte mir: Ich habe an meinem letzten Wüstentag so etwas wie eine „Hochrechnung" gemacht; wenn es so weitergeht, wie es im letzten Vierteljahr war, dann kann ich „ausrechnen", wie es nach dem nächsten Vierteljahr aussehen wird – darf es in dieser Richtung weitergehen?

Ich kann mir an einem solchen Tag die eine oder andere der folgenden Fragen stellen: Wie sieht mein geistliches Leben aus? Lebe ich geistlich? Was ist mein Christusglaube? Worin lebe ich jetzt mein Christsein? – Wie steht es mit meinen menschlichen Beziehungen? Wie steht es mit der Zusammenarbeit? – Was ist an Konzeption, an Planung für meine Berufsaufgabe möglich und notwendig? – Was ist in den vergangenen Monaten besonders dankenswert und frohmachend gewesen? – Wo haben sich bei mir Schwächen bemerkbar gemacht? – Wo haben sich Ansätze zu guten Möglichkeiten gezeigt? – War in dieser Zeit etwas, das als Anspruch des Kreuzes an mich gekommen ist? Wo bin ich ausgewichen? Wo muß ich mich stellen? – Wie steht es mit meiner geistigen Arbeit, mit meiner Lektüre?

Nicht allen diesen Fragen kann ich nachgehen; ich wähle die eine oder andere aus oder beschränke mich auf eine einzige. Es kann hilfreich sein (auch als Orientierung und Kontrolle für einen späteren Wüstentag), sich Notizen zu machen.

Eine andere Möglichkeit: Ich verbringe den ganzen Tag im meditierenden Lesen der Heiligen Schrift und im Beten, das sich daraus nahelegt. Ein Priester sagte mir, daß er einen Wüstentag mit dem Wort Joh 10, 14 verbracht habe: „Ich kenne die Meinen, und die Meinen kennen mich."

Vielleicht ist es manchmal eine Hilfe, an einem solchen Tag allein eine lange Wanderung zu machen. Auf diesem Unterwegssein, im Anschauen und Erfahren der Landschaft, findet mancher besser zu sich selbst als im Stillsitzen im Zimmer. Einer sagte, daß er am Spätnachmittag des Wüstentages eine „Emmauswanderung" mache: Er wandere zu einem Freund, der auch Priester sei, bespreche mit ihm den Tag und lasse das Gespräch in eine Beichte münden. Dann wandere er am Abend wieder zurück.

Wieder ein anderer sagt: Ich komme nur dann dazu, einen Wüstentag zu halten, wenn ich ihn mit meinem Freund vereinbare; so bekommt der Tag für uns beide eine dringliche Verbindlichkeit. Wir verbringen den Tag in demselben Haus, treffen uns aber nur zu den Mahlzeiten. Abends sprechen wir uns dann über das aus, was der Tag für jeden erbracht hat. Die Aussicht auf diesen Austausch bewahrt mich davor, mich den Tag hindurch ins Vage zu verlieren.

Was will ich tun, wenn mein Wüstentag Stunde um Stunde dürr und unfruchtbar bleibt, wenn Langeweile oder Unmut aufkommen wollen? Wenn die Versuchung aufkommt: Heute hat es keinen Zweck, ich werde den Tag zu einer erholsamen Ausfahrt mit dem Auto „umfunktionieren"? – Vielleicht ist es dann gerade an der Zeit, mich selber zu fragen: Warum halte ich das bißchen „Wüste" (Wüste in mir selbst?) nicht aus? Wahrscheinlich werde ich am anderen Tag mit mir selbst mehr zufrieden sein, wenn ich ausgehalten habe, als wenn ich ausgewichen wäre.

Ein Buch von Carlo Carretto, das „Geistliche Briefe aus der Wüste" enthält, trägt den Titel: „Wo der Dornbusch brennt". Ob wir nicht vertrauen dürfen, daß unserem armselig-bescheidenen Wüstentag etwas gewährt werden kann von der Nähe und dem Wort dessen, der sich in der Wüste im brennenden Dornbusch geoffenbart hat?

„Man wandelt nur das, was man annimmt"

(C. G. Jung)

Jeder von uns hat es irgendwann einmal – vielleicht sogar für die Dauer eines ganzen Lebens – mit einem Menschen zu tun, mit dem es sehr schwer ist auszukommen. Vielleicht ist es wirklich so, daß die Ursache oder auch die Schuld an dem schlechten Miteinanderauskommen bei dem anderen liegt, an seiner Verkehrtheit, an seinen mißlichen Charaktereigenschaften, an seiner neurotischen Befangenheit. Gibt es da noch eine Hoffnung auf Verwandlung?

Ich glaube, daß es eine Hoffnung auf Wandlung gibt unter *einer* Voraussetzung. Diese Voraussetzung heißt: „Man wandelt nur das, was man annimmt!" (C. G. Jung).

Wie ist das zu verstehen? Statt einer umständlichen Erklärung erinnern wir uns einer Geschichte, die wir alle kennen: die Geschichte vom verlorenen Sohn. Er kommt aus einem verpfuschten Leben nach Hause. Wir kennen die Sätze, mit denen seine Heimkehr beschrieben wird: „Als er noch weit entfernt war, sah ihn sein Vater. Er wurde von Erbarmen bewegt, lief ihm entgegen, umarmte ihn und küßte ihn."

Ich denke mir oft, wenn ich diese Geschichte lese, wie es nachher, nach den Tagen der Heimkehr wohl weitergegangen ist. Es kann nicht anders sein, als daß der Heimgekehrte nun im Hause seines Vaters ein Verwandelter ist. Einer, der aus dem Dank heraus lebt, weil er erfahren hat, wer dieser Vater ist, der ihn so angenommen hat. „Man wandelt nur das, was man annimmt." Dieser Vater hat den Sohn, der im Hochmut von Zuhause weggegangen war, ganz angenommen, und weil er angenommen wurde, war er verwandelt.

Vielleicht wird man einwenden: Lag die Verwandlung seines Herzens nicht schon vorher, noch in dem Elend der Fremde, als er sagte: „Ich will mich aufmachen und zu meinem Vater gehen"? Ja, aber wie hätte er das sagen können, wenn er nicht schon ahnungsvoll gewußt hätte, daß er zu diesem Vater heimkehren dürfte? Daß er hoffen durfte, von ihm angenommen zu werden?

Und vielleicht wird man einwenden: Bei diesem verlorenen Sohn war schon selbst eine Einsicht. Bei dem Menschen, dem schwierigen und verkehrten, mit dem *ich* es zu tun habe, ist gerade *das* nicht da – wie sollte ich hoffen können, daß es noch einmal Wandlung bei ihm gibt, wo doch bei ihm gar kein Ansatzpunkt dafür zu sehen ist?

Es mag so sein. Und doch! – Sollten wir es nicht versuchen, gegen alle Hoffnung, diesen anderen anzunehmen, noch und noch ... Vielleicht geschieht es doch, irgendwann einmal, vielleicht ganz zuletzt, daß in dem anderen die Ahnung aufgeht: der meint es gut mit mir! Es ist sehr schwer, unendlich mühsam. Aber ist es ganz aussichtslos? Vor Gott?

Man wandelt nur das, was man annimmt. Gott tut es mit jedem von uns, in grenzenloser Treue, unaufhörlich, solange wir leben. *Das* ist der Grund unserer Hoffnung *und* die Ermutigung, es, auch in aller Gebrochenheit und Armseligkeit, miteinander zu wagen.

Begegnung mit meinem Schatten

Bei der Dichterin Marie Luise Kaschnitz lese ich das Wort „Altsein heißt suchen." Wie soll ich das verstehen? Könnte man nicht denken, daß das Gegenteil richtiger wäre: Altsein heißt, das Suchen endlich lassen? Wonach denn suchen? Nach dem, was ich eigentlich bin! „Der Sinn und die Aufgabe des Alters ist die Rückkehr aus allen Entfremdungen in die Eigentlichkeit der psersönlichen Existenz" (Anton Székely).

Es gibt zwei Lebensalter, in denen die Frage: Wer bin ich? besonders andrängt. Das ist die Zeit etwa zwischen 18 und 23 Jahren, und es ist die Zeit des Alters. Aber in der Zeit der Jugend hat diese Frage doch mehr den Klang: Was kann ich? Im Alter hat sie den Klang: Wer bin ich denn eigentlich hinter allen Entfremdungen und Verfremdungen, die das Leben und ich mir selber angetan haben? Unter den 63 Selbstbildnissen Rembrandts scheinen mir die Altersbildnisse die eindrucksvollsten zu sein; man denke etwa an das erschütternde Selbstbildnis, das er nach seinem Bankrott gemalt hat. – Es ist die Frage und das Suchen des Menschen nach seiner Lebenswahrhaftigkeit.

Es gibt auf dem Reifungsweg zum Alter zwei Gefährdungen, die dem Prozeß der Lebenswahrhaftigkeit entgegenstehen: die Erstarrung, Verfestigung (Gesetz, Verkopfung, Ritualismus, Absicherung) und die Auflösung (Ordnungslosigkeit, Unzuverlässigkeit, Konturlosigkeit, Haltlosigkeit). In der Verhärtung steckt die Grundgebärde des Sich-festhalten-Wollens, des Nichtloslassen-Könnens. Die der Starrheit entgegengesetzte Gefährdung ist das Sich-Gehenlassen (Graf Dürckheim).

Wenn der alternde Mensch nicht mehr in seiner Berufsarbeit steht, kann sich eine Leere auftun, in der eine innere Problematik offenbar wird, die bisher nicht in Erscheinung trat, weil die Berufsarbeit davon ablenkte. Das Alter ist die Zeit, in der noch einmal – zum letzten Mal – das Angebot da ist, den eigenen Schatten zu erkennen. Der Schatten – im Sinne der Tiefenpsychologie – ist: ins Unbewußte verdrängtes Leben, vom „Ich" abgelehntes Leben, das doch zu mir gehören will. Der dunkle Bruder meines Lebens. Meine verdrängte, abgespaltete Lebensseite. Wenn ich meinen Schatten nicht mehr wahrnehmen kann – er ist ja ins Unbewußte verdrängter Lebensanspruch –, beginnt er aus dem Unbewußten Störsignale zu geben (etwa Depressionen, Verbitterungen, Reizbarkeit). Am liebsten projizieren wir unseren Schatten, um seinen Druck loszuwerden, ahnungslos, oft mit Aggressionen, auf andere Menschen oder auf Institutionen. Aber so kommen wir nicht von diesem noch unerkannten Schattenbruder los, der ein Stück unserer inneren Wirklichkeit ist. Oder aber wir versuchen uns gegen den Druck des Schattens in uns abzusichern, abzuschotten durch strenge Verhaltensmechanismen und durch Regulierung unseres Verhaltens, um nicht durch den dunklen Bruder aus der Bahn geworfen zu werden.

Wir müssen unseren Schatten kennenlernen, uns ihm stellen, ihn schließlich annehmen. „Man wandelt nur das, was man annimmt" (C. G. Jung). Wenn wir unseren Schatten annehmen, enthüllt er uns seine Zukunftskraft: „Suche im Schatten den Quell des Lebens" (E. Drewermann). Denn im Schatten liegt ja, gleichsam eingefroren, verdrängtes Leben, das ans Licht verlangt. (Die Märchen wissen viel von dieser Schattenverwandlung durch Annahme zu erzählen.) „Kein gültiges Werden ohne Wahrnehmung des Schattens" (Dürckheim). Der Schatten macht sich bisweilen bemerkbar in unseren unkontrollierten heftigen Reaktionen auf Eigenschaften anderer, die wir nicht (an uns!) leiden mögen. Oder in Träumen, in denen eine von uns negativ empfundene Gestalt auftaucht, von der wir dumpf ahnen, daß sie etwas mit uns zu tun hat (Mephisto als Schattengestalt Fausts).

Die Entstehung des Schattens geht oft bis früh in die Kindheit zurück. Sie kann sowohl schicksalhaft wie auch schuldhaft sein. Wenn wir auf einen Lebensanspruch in bewußter und motivierter Verarbeitung verzichten um eines höheren Gutes willen, wird er nicht zum Schatten; er wird gleichsam als „Opferflamme" Licht. Den Schatten kommen lassen heißt nicht einfach: ihn ausleben.

Jeder hat seinen Schatten. Er gehört zum Menschen (vgl. A. Chamisso, Peter Schlemihl; H. von Hofmannsthal – R. Strauss: Die Frau ohne Schatten). Die Heiligen haben sich mit ihrem Schatten auseinandergesetzt. Esau ist Schattengestalt Jakobs. Im Gleichnis vom verlorenen Sohn sind die beiden Brüder einander Schattengestalt ...

Das Erkennen des Schattens kann auch noch im Alter ein Stück Befreiung und Gelassenheit bewirken. Wir entdekken etwa „Skripts" der Eltern, Empfehlungen oder Verbote, „Botschaften" der Eltern, die uns ins Leben hinein mitgegeben wurden – vielleicht nicht durch Worte, sondern durch das Verhalten der Eltern –, die unser Leben verfremdet haben. Vielleicht können wir uns im Alter von diesen falschen Skripts nicht mehr ganz befreien; aber indem wir sie erkennen, gewinnen wir doch zu ihnen ein Stück guter Distanz, die uns etwas freier und gelassener machen kann. Die Fragen, die wir uns stellen können, lauten: Was hat mir meine Mutter am meisten empfohlen? verboten? Und ebenso mein Vater. Welche „Botschaft" hat mir meine Mutter, mein Vater am meisten ins Leben mitgegeben? Zum Beispiel: Ob ich den Menschen vertrauend begegne oder im Mißtrauen. Oder: Du kannst das nicht – oder: Du wirst es schon schaffen ...

Im Laufe unseres Lebens hat sich unsere „Persona" aufgebaut. Die „Persona" ist das „Ansehen", das ich in der Gesellschaft von mir aufgebaut habe, das die Gesellschaft von mir aufgebaut hat. Die „Persona" kann zur Maske, zur Fassade werden. Die Relativierung oder auch Entlarvung dieser Persona gehört zum Reifungsprozeß des Alterns. Das kann schwer werden, denn es bedeutet ein Loslassen. Nicht selten merkt der alternde Mensch nicht, daß er sich im Laufe des Lebens mehr und mehr mit seiner „Persona" identifiziert hat. Er merkt nicht, daß das nur eine Außenseite seines Lebens ist – was aber ist er selbst?

„Altsein heißt suchen", so begann unsere Notiz. Suchen nach dem, was ich *eigentlich* bin, so wie Gott mich sieht. Und: suchen nach dem Vertrauen, daß ich vor Gott so sein darf, wie ich bin, wie ich geworden bin – wenn ich nur dazu stehe. Suchen nach dem Vertrauen, daß ich mich loslassen darf, daß ich mich fallen lassen darf in Ihn hinein.

„Und doch ist Einer, welcher dieses Fallen unendlich sanft in seinen Händen hält“

(Rainer Maria Rilke)

1. „Unsere Jahre gehen dahin wie ein Seufzer“ (Ps. 90, 9)

„Unsere Jahre gehen dahin wie ein Seufzer“ – das heißt doch: so schnell und flüchtig wie ein „Ach!“, und es heißt auch: so traurig-vergänglich wie ein „Ach!“

Wenn man jung ist, sagt man es noch nicht. Aber je älter man wird, desto mehr wird man zustimmen: „Unsere Jahre gehen dahin wie ein Seufzer.“ Es ist die Erfahrung der Vergänglichkeit, die immer wieder unser Herz berührt.

Martin Luther hat diesen Vers aus Psalm 90 anders übersetzt, er sagt: „Wir bringen unsere Jahre zu wie ein Geschwätz!“ Wie ein leeres Geschwätz, das nichts bedeutet. Ist es so? Ein gewesenes Jahr, ohne Gewicht, federleicht auf der Waagschale der Ewigkeit?

Es gibt eine Motette von Johannes Bach, der hundert Jahre vor dem großen Johann Sebastian Bach gelebt hat: „Unser Leben ist ein Schatten auf Erden.“ Wenn man sie hört, ist es, als ob das Leben wie ein Schatten dahinhuschte ... Und in der Motette der Vers: „Ach wie flüchtig, ach wie nichtig ist der Menschen Leben! Wie ein Nebel bald entstehet und bald wiederum vergehet: So ist unser Leben, sehet!“

„Unsere Jahre gehen dahin wie ein Seufzer“ – aber sie fallen nicht ins Leere! Der, der die Zeit und die Jahre geschaffen hat, hält wie ein guter Vater die Arme und die Hände ausgebreitet, um die Hin-fälligkeit unserer Jahre aufzufangen, damit sie nicht ins Bodenlose des Nichts versinken.

Der Dichter Rilke sagt es so:

> Wir fallen. Diese Hand da fällt.
> Und sieh dir andere an: es ist in allen.
> Und doch ist Einer, welcher dieses Fallen
> unendlich sanft in seinen Händen hält.

„Unsere Jahre gehen dahin wie ein Seufzer", oder: „Wir bringen unsere Jahre zu wie ein Geschwätz" – ja, so ist es! Aber das ist nicht alles! So braucht es nicht stehen zu bleiben. Es bleibt unsere Bitte – und sie kann alles verwandeln: „Der du die Zeit in Händen hast, Herr, nimm auch dieses Jahres Last und wandle sie in Segen."

2. Das Jahr geht um ...

An einem Silvesternachmittag auf einer Winterwanderung besuchte ich die westfälische Wasserburg Hülshoff, auf der die Dichterin Annette von Droste-Hülshoff 1797 geboren wurde. Der Besuch regte mich an, zu Hause „Das Geistliche Jahr" der Dichterin zur Hand zu nehmen und die beiden Gedichte zu lesen, die sie zum letzten Tag des Jahres und zum ersten Tag des neuen Jahres geschrieben hat. Das Gedicht zum Silvestertag beginnt:

> Das Jahr geht um,
> Der Faden rollt sich sausend ab.
> Ein Stündchen noch, das letzte heut,
> Und stäubend rieselt in sein Grab,
> Was einstens war lebend'ge Zeit.
> Ich harre stumm.

In dieser Stunde Vergänglichkeit überschaut sie das Jahr:

> Gesehen all,
> was ich begangen und gedacht,
> was mir aus Haupt und Herzen stieg ...

Und sie bangt um das Vergebens – „der tiefen Angst auf Stirn und Hand" –, das über diesem Jahr für sie geschrieben sein könnte. Das Gedicht erinnert an ein anderes aus unseren Tagen: „Verlorene Zeit" von Marie Luise Kaschnitz, in dem die letzte Strophe lautet:

Schwarzer Kalender
Oh, wieviel Zeit vertan
Frühlinge übergangen
Knospen gering geschätzt
Wieviel kostbare Zeit vertan
an den Strohkönig Tod.

Es ist die Sorge des wachen Menschen, die „gestundete Zeit" (Ingeborg Bachmann) nicht wahrgenommen, nicht „ausgekauft" (Eph 5, 16) zu haben. Aus dieser Sorge steigt die Bitte aus Psalm 90 auf: „Unsere Tage zu zählen, lehre uns, damit wir ein weises Herz gewinnen."

Aber mir will scheinen, daß es noch eine andere, dunklere Sorge gibt, die das Herz des wachen Menschen in der Nacht der Jahreswende zusammenpressen kann, die Angst: in Raum und Zeit verloren zu sein! Werden wir gesehen? Leben wir in einer augenlosen Materie? „Das ewige Schweigen dieser unendlichen Räume macht mir Angst", schreibt Pascal. Und Lionel Blue: „Das Universum um uns ist erschreckend in seiner Größe, seiner Verschwendung und seiner Gleichgültigkeit … diese ungeheure, mit Felsen und Feuer übersäte Leere." – Und darin ich?

In dieser Angst kommt mir ein Wort entgegen, das alles verwandelt: „Ich kenne dich mit Namen!" Gott spricht es zu Mose (Ex 33, 17). In der namenlosen Verlorenheit von Raum und Zeit dieses: „Ich kenne dich mit Namen!" In der Melancholie des Vergehens: „Ich kenne dich mit Namen!" Es ist ein Achsenwort, große Wende!

Auch diesem Wort, aus dem immer neuen Hören dieses Wortes, das sich entfaltet im Gesamt der Offenbarung, steigt das *Vertrauen* auf, hellt sich der Blick in die Zukunft auf.

Wieder nehme ich das Wort der Dichter zu Hilfe. Seit Jahr und Tag liegt auf meinem Schreibtisch ein kleines Heft, auf dem ich damals geschrieben habe: Worte, die mich bewegten. Da steht eine Zeile aus Hölderlins Gedicht „Dichtermut": „Was geschiehet, es sei alles gesegnet dir, / Sei zur Freude gewandt!" – Hölderlin hat es um das Jahr 1800 geschrieben; wenige Jahre später kam die Umnachtung über ihn, die fast vier Jahrzehnte bis zu seinem Tode währte.

„Was geschiehet, es sei alles gesegnet dir" – was auch immer geschieht, alles soll wie ein Segen für dich sein, alles soll von dir gesegnet sein, alles soll auf Gott hin gesegnet sein. Ein Wort der alles umfassenden Bejahung der Welt, von einem Dichter gesagt, der ein Leidender war, der mit seinem so früh verschatteten Leben ein Diener der Wahrheit sein wollte. Der Glaube und das Vertrauen, daß die Schöpfung durchatmet ist vom Geist Gottes: „Sind denn dir nicht verwandt alle Lebendigen?", so beginnt das Gedicht. Und dann fährt es fort: „Drum, so wandle nur wehrlos / Fort durchs Leben, und fürchte nichts!"

Es ist jenes Vertrauen der Bejahung, das aus den Worten der Offenbarung uns entgegenkommt: „Denen, die Gott lieben, gereicht alles zum Guten" (Röm 8, 28). „Weder Tod noch Leben … kann uns scheiden von der Liebe Gottes" (Röm 8, 38). „Alles ist euer, ihr aber gehört Christus" (1 Kor 3, 22). „Mit ihm, Christus, ist das Ja in die Welt gekommen" (2 Kor 1, 19).

So findet auch die Dichterin Annette von Droste-Hülshoff im Gedicht auf den Neujahrstag zu diesem Vertrauen zurück:

> Ich weiß es wohl, uns ist ein Tag bereitet,
> Da wird es klar, wie alles wohl geleitet,
> Und all die tausend Ziele dennoch eins.

Wir schauen unsere Geschichte mit Gott im vergangenen Jahr. Es wäre gut, wenn unsere Besinnung aufrichtig in das Gebet münden könnte: „Dem Vergangenen Dank – dem Kommenden Ja!" (Dag Hammarskjöld).

Gott sagt zu Mose: „Ich kenne dich mit Namen!" Und er gibt Mose den Auftrag: „Ihr sollt meinen Namen auf die Israeliten legen, und ich werde sie segnen" (Num 6, 27). So sollten sie sprechen: „Der Herr segne dich und behüte dich. Der Herr lasse sein Angesicht über dich leuchten und sei dir gnädig. Der Herr wende sein Angesicht zu dir und schenke dir Heil."

So sollten sie den Namen Gottes auf die Menschen legen – und uns sei es das Segenswort für den Weg durch das neue Jahr. „Und von neuem ein Jahr unserer Seele beginnt" (Hölderlin).

Zuletzt wird es gut werden

Wenn die Bibel von den Lebensjahren des Menschen spricht, sammeln sich in ihren Aussagen uralte Erfahrungen. So auch in dem Wort, das sich im Alten Testament im Buch des Predigers (Kohelet) findet: „Wenn der Mensch viele Jahre lebt, so freue er sich an allen. Aber er gedenke auch der Tage des Dunkels. Auch ihrer sind viele."

Muß man denn beide Hälften zusammennehmen? Ist es nicht ratsam, die frohen Lebensjahre zu genießen, sich ihrer zu freuen, und die dunklen möglichst zu verdrängen? Die haben doch, wenn sie da sind, schon von selbst ihre eigene Last!

Alles Leben ist Spannungseinheit. Das kommt auch in diesem Wort zum Ausdruck: „Wenn der Mensch viele Jahre lebt, so freue er sich an allen. Aber er gedenke auch der Tage des Dunkels. Auch ihrer sind viele." Zum hellen Pol des Lebens steht der dunkle in Spannung: So wird es *Leben!*

In einem Kurs, der der geistlichen Besinnung galt, wurde den Teilnehmern an einem Tag auch die Aufgabe gestellt, ein „Diagramm" ihres Lebens anzufertigen, das heißt eine Art zeichnerischer Darstellung ihrer Lebensübersicht. Sie sollten es ganz einfach so machen: quer durch ein Blatt Papier eine Trennungslinie. Ganz links die früheste Kindheitserinnerung, ganz rechts das gegenwärtige Lebensjahr. Und dann sollten sie dazwischen die Ereignisse ihres Lebens einschreiben, die für sie besonders wichtig gewesen sind: Menschen, Begegnungen, Krankheiten, Schuld, Leid, freudevolle Begebenheiten, künstlerische Erlebnisse, Enttäuschungen, Erfolge usw. Und zwar die frohmachenden

Erlebnisse über der Linie, die das Blatt in zwei Hälften teilt, die leidvollen unterhalb.

Das wurde für manche recht aufschlußreich. Einer sagte nachher: Als ich mein „Diagramm" fertig hatte und es überschaute, erkannte ich, daß durch alles hindurch so etwas wie eine Leitlinie geht, daß da seltsame Zusammenhänge sind, ja so etwas wie Fügung und Führung. Und – so fuhr er fort – wenn ich heute zurückschaue, meine ich fast, ich müßte auch für die Lebensereignisse, die ich als dunkle und leidvolle unterhalb der Querlinie eingezeichnet habe, heute dankbar sein. Denn alles zusammen, die frohen Jahre und die schweren, haben mich dahin geführt, wo ich jetzt stehe – und dafür bin ich dankbar.

Ja, es gibt die lichten und die dunklen Lebensjahre. Aber der Glaubende und Vertrauende weiß, daß sie nicht aus der blinden Willkür eines augenlosen Schicksals kommen, sondern umfangen sind vom Erbarmen des lebendigen Gottes. Und wer durch alle Lebensschicksale hindurch immer wieder die Bereitschaft des Herzens und des Willens erweckt, mit Gott zu leben, der darf ohne verzweifelte Angst auch der dunklen Jahre gedenken. Er weiß: *Zuletzt* wird es gut werden!

„Gott ist in uns daheim – wir sind in der Fremde"

(Meister Eckhart)

Antoine de Saint-Exupéry schreibt: „Als ich ein kleiner Knabe war, wohnte ich in einem alten Haus, und die Sage erzählte, daß darin ein Schatz versteckt sei. Gewiß, es hat ihn nie jemand zu entdecken vermocht, vielleicht hat auch nie jemand gesucht. Aber er verzauberte dieses ganze Haus. Mein Haus barg ein Geheimnis auf dem Grunde seines Herzens ..."

Von solchem Geheimnis in unserem Lebenshaus, auf dem Grunde des Herzens, spricht das Wort von Meister Eckhart (1260–1327). Es ist ein Kernwort der Mystik. Gott ist im Seelengrund des Menschen anwesend, und es ist die wunderbare Berufung des Menschen, in Fühlung zu kommen mit diesem Geheimnis in ihm. „Gott ist mir näher, als ich mir selber bin. Mein Dasein hängt daran, daß Gott mir nahe und gegenwärtig ist", so sagt Eckhart.

Das Wort von Meister Eckhart ist ein Trostwort: „Gott ist in uns daheim!" Und es ist ein Klagewort: „Wir sind in der Fremde!" Freude und Anklage. Dieses Wort ist so etwas wie eine gläubige Definition des Menschen.

1. Gott ist in uns daheim

Finden wir nicht etwas von diesem Wort wieder in der wissenschaftlichen Sprache eines Theologen unserer Zeit, wenn es da heißt: „Wir kommen nun aber in die innerste Mitte des christlichen Daseinsverständnisses, wenn wir sagen: Der Mensch ist das Ereignis einer freien, ungeschuldeten ... Selbstmitteilung Gottes. Wenn wir von Selbstmitteilung Gottes sprechen, dürfen wir dieses Wort nicht so verstehen, als ob Gott in irgendeiner Offenbarung etwas *über* sich selber sagen würde. Das Wort ‚Selbstmitteilung' will wirklich bedeuten, daß Gott in seiner eigensten Wirklichkeit sich zum innersten Konstitutivum des Menschen selber macht. Es handelt sich also um eine *seinshafte* Selbstmitteilung Gottes … Das Innerste des Menschen ist die Selbstmitteilung Gottes" (K. Rahner, Grundkurs des Glaubens. Freiburg i. Br., 12. Auflage 1982, 122 und 130).

Was Meister Eckhart sagt: „Gott ist in uns daheim", das finden wir in ungezählten Aussagen der Mystik wieder. So etwa bei dem flämischen Mystiker Jan Ruysbroek (1293–1381): „Gott ist uns inwendiger, als wir es uns selbst sind, und sein inwendiges Treiben und Wirken in uns ist uns näher und inniger als unser eigenes Wirken." Und Mechthild von Magdeburg (1212–1294) sagt: „Du leuchtest in meiner Seele wie die Sonne auf dem Golde." Dieses Wort: „Gott ist in uns daheim" ist der Grund-Satz aller Mystik!

2. Wir sind in der Fremde

„Herr, es liegt ein Traum von dir in meiner Seele, aber ich kann nicht zu dir kommen!" (Gertrud von Le Fort). Diese Klage kommt aus der Sprache des Glaubens.

Warum sind wir in der Fremde? Warum sind wir Fremde? Eine tiefe Antwort hat Hölderlin gegeben: Wir sind Fremde, *weil* Er in uns ist!

> Ach! wir kennen uns wenig,
> *denn* es waltet ein Gott in uns!

Dieser Gott in uns, in unserem Seelengrund, „verfremdet" uns, macht uns zu einem Wesen, das nicht in sich selber beschlossen ist, so wie es in seiner Weise das Tier ist. Dieser Gott, der in uns daheim ist, macht uns für uns selbst zur bleibenden Frage, zum Wanderer, der, solange er lebt, auf der Wanderung ist zu *diesem* „daheim", das aus Erwählung und Berufung unser innerstes Wesen ist.

Der Mensch: das vom Innewohnen Gottes gesegnete und verwundete Wesen! Unsere geheimnisvolle, wunderbare Begabung zieht uns über uns hinaus, macht uns uns selbst zutiefst frag-würdig.

Aber auch das andere: Wir sind in der Fremde, weil wir uns immer wieder von diesem unserem Zuhause – „Gott ist in uns daheim" – verlaufen, weglaufen. „Halt an, wo läufst du hin? Der Himmel ist in dir! Suchst du Gott anderswo – du fehlst ihn für und für!" (Angelus Silesius).

Wir sind Fremde, in der Fremde, weil wir uns nicht einlassen in das Innen, in die Tiefe, in die Mitte, wo Er in uns heimisch ist. Weil wir an der Oberfläche bleiben, in der Ausgegossenheit. Eine chassidische Geschichte, die Martin Buber uns aufgezeichnet hat, warnt uns vor diesem „Verlust der Mitte":

Rabbi Jizchak Meir erging sich einmal an einem Spätsommerabend mit seinem Enkel im Hof des Lehrhauses. Es war Neumond, der erste Tag des Monats Elul. Der Zaddik fragte, ob man heute den Schofar geblasen habe, wie es geboten ist, einen Monat, ehe das Jahr sich erneut. Danach begann er zu reden: „Wenn einer Vorsteher wird, müssen alle nötigen Dinge dasein, ein Lehrhaus und Zimmer und Tische und Stühle, und einer wird Verwalter, und einer wird Diener und so fort. Und dann kommt der böse Widersacher und reißt das innerste Pünktlein heraus, aber alles andre bleibt wie zuvor, und das Rad dreht sich weiter, nur das innerste Pünktlein fehlt." Der Rabbi hob die Stimme: „Aber Gott helfe uns: man darf's nicht geschehen lassen!"

Ganz schlimm aber ist es, wenn der Verlust dieser Mitte gar nicht mehr gespürt wird. „Denn die unheimlichsten Verluste sind die, die nicht mehr gefühlt werden" (Erhart Kästner).

Und wieder ein anderes: Wir sind in der Fremde, weil wir das eigene Ego, das große Ich zur Mitte unseres Lebenshauses machen wollen. Wir sind Fremde, weil wir Sünder sind! Denn Sünde ist, wo Er nicht mehr in der Mitte ist.

Wir sind Fremde, weil wir das leise immerwährende Rufen dessen nicht mehr hören, der in uns Wohnung genommen hat. Von diesem Rufen in den innersten Seelengrund hinein spricht der Mystiker Johannes Tauler (1300–1361):

„Der inwendige Mensch ist in den edlen Grund der Gottheit eingeladen und wieder und wieder gerufen und wird dahin wieder gezogen. Wie Gott im inwendigen Seelengrund seinen Grund gelegt hat und da nun verborgen und bedeckt liegt – wer das finden und erkennen und schauen könnte, der wäre ohne allen Zweifel selig. Und wie immer auch der Mensch sein Gesicht abkehrt und irre geht, so hat er doch ein ewig Locken und Neigen dahin und kann nirgends Rast finden, wie er es auch umgeht. Denn alle Dinge vermögen ihm nicht genüge zu leisten außer diesem einen. Denn dies treibt und zieht ihn ständig in das Allerinnerste, ohne daß er es weiß: weil es sein Ziel ist! So wie alle Dinge nur zur Ruhe kommen an ihrem Platz."

3. *„Selig sind, die da Heimweh haben, denn sie werden nach Hause kommen" (Jung-Stilling).*

Was können wir tun, daß wir auf der Wanderung bleiben von unserem Draußen hin zu dem, der in uns heimisch ist? Als sein Volk auf der Wanderung durch die Wüste war, da gab es im Lager das Begegnungszelt, wo der Mensch für einen flüchtigen Augenblick mitten auf der Wanderung die Nähe dessen erfahren durfte, der sich mit seinem Namen geoffenbart hatte: Ich bin da bei euch! Gibt es für uns, die wir draußen sind, auf dieser Wanderung zu dem hin, der in uns wohnt, so etwas wie ein Begegnungszelt?

Was kann in uns das Spürbewußtsein wecken und wachhalten für diese verborgene Wirklichkeit in uns, die unser eigentliches Zuhause ist? Wenn ich nur zwei Wegweisungen nennen dürfte, dann diese: Erstens: Innehalten! Nicht fliehen! „Wenn ich Maler wäre, ich würde immer bloß die Ruhe auf der Flucht malen (Erhart Kästner). Wer betet, hört auf zu fliehen! Zweitens: „Wer liebt, weiß, was diese

Stimme ruft", so sagt die „Nachfolge Christi". Wer liebt, lebt in der Nähe dessen, der als Liebe in uns wohnt.

4. Er wird es tun!

„Der Gott des Friedens selbst heilige euch durch und durch. Der euch ruft, ist treu: Er wird es tun!" (1 Thess 5, 23–24). Wir können mit all unserer Sehnsucht nicht zu ihm kommen, der in uns heimisch ist. Er muß uns heimholen! Er hat Sehnsucht nach uns, wie der Vater im Gleichnis Sehnsucht nach dem Verlorenen hat. Er sagt zu Mose: „Ich kenne dich mit Namen!" (Ex 33, 17). Ich kenne dich in deiner Einzigartigkeit. Ich kenne dich mit meiner Liebe. Er ist in uns heimisch als *der* Liebende.

Von dieser innersten Lebenszelle her geschieht die Verwandlung, die Heimholung. Die Verwandlung des Verlorenen in den Heimgekehrten. „Er wird es tun!"

Da ich noch nicht geboren war,
da bist du mir geboren,
und hast mich dir zu eigen gar,
eh ich dich kannt, erkoren,
Eh ich durch deine Hand gemacht,
da hast du schon bei dir bedacht,
Wie du mein wolltest werden...!"

Paul Gerhardt

Große Freude: Er hat mich erwählt zu Seiner Wohnung!

Wenn wir die Fenster einer Kathedrale von außen sehen, dann sehen wir nur graue Scheiben und sonderbare Bleilinien. Wenn wir aber in das Innere der Kathedrale gegangen sind, dann geht uns auf, welch wunderbarer, kostbarer „Schrein" dieses Gehäuse ist.

„Er, dein Gott ist drinnen bei dir“

(Zefanja 3, 17)

Achthundert Jahre vor Christus entstand die große Dichtung Homers, die Ilias, die von der griechischen Sagenwelt erzählt. Am Ende, im 24. Gesang, steht die Klage Achills: „So haben es die Götter den elenden Sterblichen zugesponnen, daß sie leben in Kummer, selbst aber sind sie unbekümmert.“ Den Menschen, so klagt Achill, ist das Elend zugewiesen, die Götter aber leben leidlos.

In einem Gedicht Hölderlins, im „Schicksalslied“, wird es ähnlich gesagt:

Ihr wandelt droben im Licht
auf weichem Boden, selige Genien!

Doch uns ist gegeben,
auf keiner Stätte zu ruhen.
Es schwinden, es fallen
die leidenden Menschen
blindlings von einer
Stunde zur andern
wie Wasser von Klippe zu Klippe geworfen,
jahrelang ins Ungewisse hinab.

Die Götter droben, die Menschen unten, und es ist, als kümmerten sie sich nicht um uns.

Am bittersten hat es in unserer Zeit der Dichter Bert Brecht gesagt in seinem „Großen Dankchoral“ – so überschreibt er dieses Gedicht:

Lobet von Herzen das schlechte Gedächtnis des Himmels!
Und daß er nicht
Weiß euren Nam' noch Gesicht.
Niemand weiß, daß ihr noch da seid.

Gibt es keine anderen Stimmen? Sechshundert Jahre vor Christus lebte in Israel der Prophet Zefanja. Das Buch, das von ihm überliefert ist, hat nur drei Kapitel. Am Ende des dritten Kapitels steht das Wort, das der Prophet als Gotteswort zu den Menschen seines Volkes spricht (3, 16–17, Übersetzung nach Martin Buber):

> Fürchte dich nicht, Zion!
> Laß die Hände nicht sinken!
> Er, dein Gott ist drinnen bei dir,
> ein Held, der befreit.
> Er entzückt sich an dir in der Freude.
> Er schafft dich neu in seiner Liebe.
> Er springt auf deinetwegen in Jauchzen
> wie an den Tagen der Feste.

Dieser Zuspruch richtet sich an Zion, die heilige Stadt. Aber Zion: Das sind nicht Steine, sondern sein Volk, das er sich erwählt hat; das ist seine Gemeinde.

„Er, dein Gott ist drinnen bei dir, eine Kraft, die befreit ..." In unserer Mitte ist die Kraft der Befreiung, der Erlösung! Darum: „Fürchte dich nicht, laß die Hände nicht sinken." Wenn Er drinnen bei uns ist, wenn Er die lebendige Mitte seines Volkes, seiner Kirche ist, darf dann Verzagtheit und Kleingläubigkeit uns lähmen? „Laß die Hände nicht sinken!"

Wie Gott seinem Volk zugewandt ist, wie er uns nahe ist, das wird in einem strahlenden Bildwort gesagt: wie bei dem orientalischen Fest, wie bei einer Hochzeit, wenn dem Bräutigam die Braut zugeführt wird:

> Er entzückt sich an dir in der Freude.
> Er schafft dich neu in seiner Liebe.
> Er springt auf deinetwegen in Jauchzen
> wie an den Tagen der Feste.

Es ist fast unglaublich, wie hier von Gott gesprochen wird in seinem Verhältnis zu seinem Volk. Gott, der große Liebende! Zion, sein Volk, seine Geliebte. Aber ihre Schönheit, ihre Liebenswürdigkeit kommt ganz von ihm: „Er schafft dich neu in seiner Liebe!" Immer wieder!

Aber – wie ist es denn mit seinem Volk? Wie ist es mit seiner Kirche? Mit seiner Gemeinde? Ist sie so liebenswürdig? Da ist doch soviel Alltäglichkeit, soviel institutionelle Verhärtung, soviel Veräußerlichung, soviel falsche Angleichung an die Welt, eine „Braut" mit soviel Herzensvergeßlichkeit, ja Untreue ... Und von ihr wird gesagt, daß ein Tag kommt, da entzückt sich Gott an ihr in seiner Freude, da springt er gleichsam auf um ihretwillen in Jauchzen ... Wie ist das möglich?

Gott sieht in der Mitte von Zion, in der Mitte seines Volkes, hinter allen Entstellungen, eine unendlich liebenswürdige Kostbarkeit: Es ist die ganz reine, die ganz vollkommene Liebe eines einzigen Menschen, der sich liebend ganz verschenkt hat, der geliebt hat, „bis zur Vollendung". Es ist die gekreuzigte Liebe, die alles Verwandelnde, die allein Rettende! Und um dieser Kostbarkeit willen gilt dieses prophetische Wort:

> Er, dein Gott ist drinnen bei dir,
> ein Held, der befreit.
>
> Er entzückt sich an dir in der Freude.
> Er schafft dich neu in seiner Liebe.
> Er springt auf deinetwegen in Jauchzen
> wie an den Tagen der Feste.

Diese „Liebeserklärung" Gottes an Zion, sein Volk, steht nicht allein. So wie ein Liebender immer wieder neue Worte der Liebe findet, so hören die Propheten immer wieder neu die Liebessprache Gottes. Da lesen wir beim Propheten Jesaja: „Der Herr hat an dir seine Freude ... Wie über die Braut sich der Bräutigam freut, so freut sich über dich dein Gott." Und beim Propheten Jeremia: „Mit ewiger Liebe habe ich dich geliebt und dich an mich gezogen in Güte."

Nun aber stellt sich die Frage: Darf ich das Wort beim Propheten Zefanja, das an Zion gerichtet ist, auch hören auf den einzelnen hin, auf mich hin? Gilt es auch für den einzelnen, der zu Zion, zu seinem Volk gehört?

Dann aber ist sofort die Frage da: Bin ich denn so liebenswürdig – für Gott? Ich, der Sünder, der so oft Gottvergessene? Ich bin für Gott liebenswürdig, weil der Widerschein seiner Liebe auf mir liegt. Weil er mich befreit von mir selber, weil er mich immer wieder neu schafft in seiner Liebe. Es gibt in der Bibel das Wort von den Adlersfittichen, die das Junge emportragen: So trägt er mich empor in sein Licht, weg von meiner Dunkelheit, von meiner Schwachheit und Angst.

Warum liebt er mich? Der tiefste Grund ist in einem Vers von Angelus Silesius so gesagt:

> Gott ist des Lebens Buch.
> Ich steh' in ihm geschrieben
> mit seines Lammes Blut,
> Wie sollt' er mich nicht lieben!

„Ich steh' in ihm geschrieben": Ich, der Getaufte, bin in der Tiefe meiner Seele geprägt mit den Zügen Christi, des Sohnes Gottes, der mich geliebt und sich für mich dahingegeben hat (Gal 2, 20). In der Tiefe meiner Seele ist dieses geheime „Wasserzeichen". Das sieht Gott! Das macht mich liebenswürdig für ihn. Darum entzückt er sich an mir in der Freude.

Im Psalm 18 sagt der Beter das unerhörte Wort von Gott: „Er hat an mir Gefallen!"

So ist Gott zu mir, zu meinem Leben hin. Er wartet auf mich. Er hat Sehnsucht nach mir. Ja, wir dürfen dieses Äußerste zu sagen wagen: Gott hat es in seiner Liebe so gemacht, daß ich wichtig bin für ihn.

Welch ein Impuls für mein Leben ist das! Drängt es mich nicht, Antwort zu geben? Liebesantwort meines Lebens? Kann mir diese Zusage Gottes nicht eine alles übersteigende Hoffnungskraft geben?

Vor Jahren fragte in einem kleinen Kreis, dem ich zugehören durfte, ein junger Priester den Theologen Karl Rahner, der unser Gast war: „Was ist Jesus Christus für Sie?“ Darauf gab Karl Rahner zur Antwort: „Dieser Jesus Christus sagt und verbürgt mir, dem Getauften, was ich, der Wissenschaftler, nicht wissen kann: daß ich für die Seligkeit bei Gott bestimmt bin. Und so kann ich es wagen, sozusagen Arm in Arm mit diesem Jesus mich fallen zu lassen in den dunklen Abgrund ...“

Hoffnungskraft aus dieser Zusage Gottes in Jesus Christus! Wir fallen nicht ins Bodenlose. Wir werden als durch Christus Erlöste aufgefangen vom Netz der ewigen Liebe.

Fürchte dich nicht
Er, dein Gott ist drinnen bei dir,
ein Held, der befreit.

Wir alle kommen aus der Verlorenheit, aus unserer Schuldverlorenheit. Dürfen wir nicht hoffen, daß am Tor der Ewigkeit der barmherzige Vater auf uns wartet? Dürfen wir nicht hoffen, daß er an uns, hinter allen Zeichen der Verlorenheit, die Züge seines Sohnes erkennt? Dürfen wir nicht hoffen, daß dann aus der unbegreiflichen Liebe des Vaters an uns die Verwandlung geschieht? Der erste Johannesbrief sagt: „Liebe Brüder, was wir sein werden, ist noch nicht offenbar geworden: Wir wissen, daß wir ihm, Christus, ähnlich sein werden, wenn er offenbar wird.“

In Ludwig Tiecks Roman, Franz Sternbalds Wanderungen, der 1798 geschrieben ist, gibt es eine Stelle, da ist ein junger Mann aufs tiefste bewegt: „Er empfand“, so heißt es da, „eine unaussprechliche Wonne in dem Gedanken, ein Christ zu sein.“ Und das Kapitel, in dem das zu lesen ist, endet mit dem Satz: „Sein Schicksal schien ein wunderbares Konzert zu sein, er konnte nicht genug darüber sinnen, er konnte an diesem Tag vor Entzücken nicht müde werden.“

Die wehrlose Liebe

Es gibt eine Erfahrung, die manchem Christen schwer zu schaffen machen kann: daß Gott verschwindet. Offenbar geht in unserer wissenschaftlich-technischen Welt eine tiefe Veränderung des religiösen Bewußtseins vor sich. Gott verschwindet im Bewußtsein sehr vieler Menschen. Er verschwindet unter einer Woge von Gottvergessenheit und unter einer Woge von Agnostizismus.

Nun kann man aber den Glauben an Gott, das absolute Geheimnis, nur durchhalten, wenn man etwas von ihm *erfährt.* Man erfährt aber nur etwas von Gott – aus Gnade –, wenn man sich existentiell auf ihn einläßt. Und nun möchte ich es wagen zu sagen: Wir werden am ehesten etwas von Gott erfahren, wenn wir uns auf einen „Zug" im Wesen Gottes einlassen, der – so meine ich – heute deutlicher als zu anderen Zeiten hervortritt: die Wehrlosigkeit seiner Liebe.

Gott ist so unaufdringlich, so wehrlos in unserer Zeit, daß er verschwindet. Er kommt sozusagen nicht mehr vor. Man bemerkt ihn kaum noch. Die meisten Menschen unserer westlichen Welt leben so, als wäre er nicht da. Ein französischer Theologe hat jüngst gemeint, wir müßten uns mit einem gewissen Nutzlosigkeits-Status Gottes in unserer Zeit abfinden.

Erfahren *wir* Gott so, wie wir im Psalm 29 beten: „Der Herr zerschmettert die Zedern des Libanon, die Stimme des Herrn wirbelt Eichen empor"? Erfahren wir Gott so, wie wir im Mose-Lied (Ex 15) beten: „Der Herr ist ein Krieger, Rosse und Wagen wirft er ins Meer. Deine Rechte, Herr, zerschmettert den Feind; Du strecktest Deine Rechte aus, da verschlang sie die Erde …"?

Diese Worte sind – in einem tieferen Verständnis – nicht ungültig geworden. Sie sind ein ursprünglicher, bildhafter Ausdruck für eine *Wirklichkeit* in Gott, nämlich, daß er der absolute Herr, der Allmächtige ist, Herr des Himmels und der Erde.

Und doch: Mir will scheinen, als gebe es so eine Art „Evolution" in der Gottesoffenbarung, zumindest in der Weise des Verstehens der Gottesoffenbarung. Dieser Gott, der in den ältesten Psalmen noch beschrieben wird mit Bildern der Gottkönige von Ägypten und Babylon, dieser Gott, der Rosse und Wagen ins Meer schleudert, ist auch bei Jesus von Nazaret der Herr des Himmels und der Erde, der allmächtige Gott. Aber – und ich finde, dies ist das Bewegendste in der Religionsgeschichte überhaupt – dieser Gott ist bei Jesus Christus der, der seine Allmacht zur wehrlosen Liebe werden läßt. Dieser Gott Jesu Christi zeigt seine Macht darin, daß er als wehrlose Liebe der Rettende wird. Dieser Gott wird anschaubar in dem hilflosen Kind, das in der Krippe liegt. Dieser Gott wird anschaubar in dem Lamm, das zur Schlachtbank geführt wird und seinen Mund nicht auftut. Diese Ohnmacht der wehrlosen Liebe Gottes besiegt alles, besiegt den Tod. Es ist das abgründige Geheimnis Gottes, daß er, der Allmächtige, der absolute Herr, als *Liebe* retten will – und wahre Liebe ist wehrlos; aber ihre Wehrlosigkeit ist stärker als alles.

Die Wehrlosigkeit Gottes, ist das so etwas wie ich es in dem sehr weisen Buch des Laotse, im Tao-te-king, gefunden habe: Weich und Schwach überwindet Hart und Stark"? So, wie Wasser den Stein besiegt? Ich spreche nicht vom Weichen und Schwachen an sich, nicht von der Wehrlosigkeit an sich, sondern von der wehrlosen Liebe …

Der Deus semper maior, der je größere Gott, wird in seiner Kenosis, seiner Entäußerung, zum Deus semper minor, zum je Geringeren. Er wird zum Kind. Er wird zu dem Gott, der heute gleichsam verschwindet, der wie unauffindbar wird, mit dem die Menschen machen, was sie wollen, die Theologen und die Atheisten, der Mann auf der Straße und die Medien auf allen Kanälen; zu dem Gott, der ohnmächtig in der Welt ist, der nicht mit seiner Allmacht von außen eingreift. Er wird zur wehrlosen Liebe, und sie ist stärker als alles, stärker als der Tod.

Woher weiß ich das? Ich sehe es am Mysterium des Kindes. Ich sehe es an Jesus Christus, dem Gekreuzigten, dem wehrlos-ohnmächtigen, welcher der Auferstandene ist, *der* Lebendige. Der Sieger über den Tod!

Man darf diese wehrlose Liebe nicht mißverstehen. Sie ist nichts Schwächliches, Weichliches, Kernloses. Was sie in Wahrheit ist, kann man allein an Jesus lernen, der mit großer Entschiedenheit auftritt, kompromißlos. Der das Schwert-Wort gesprochen hat: Ich bin nicht gekommen, um Frieden zu bringen, sondern das Schwert!" Der den Knecht des Hohenpriesters zur Rechenschaft zieht: „Warum schlägst du mich!" Der aber dann *in Freiheit* zuläßt, daß die Menschen mit ihm machen, was sie wollen. Gott ist der Allmächtige, aber seine Allmacht läuft gleichsam wie aus einem Gefäß aus, sich verströmend in der Gestalt der wehrlosen Liebe.

Sieht es auf der Welt und in der Geschichte so aus, als gelange die wehrlose Liebe Gottes an ihr Ziel? Als käme sie durch? Es ist, als würde sie geradezu verschüttet und zum Verschwinden gebracht unter einer Lawine von Vergeßlichkeit und Gewalt.

Und doch wartet sie darauf, in der Weise der wehrlosen Liebe, erkannt, aufgenommen zu werden. Sie sucht mit den Augen der Sehnsucht die Landschaft der Menschengeschichte ab, wo sich eine Tür, ein Herz auftut, damit sie eintreten kann und damit an dieser Stelle die Verwandlung beginnen kann. Was Jesus von sich selber sagt, das sagt die wehrlose Liebe Gottes: Die Füchse haben ihre Höhlen, die Vögel ihre Nester, der Menschensohn hat nichts, wo er sein Haupt legen kann! (Lk 9, 58). Wo ist Raum für die wehrlose Liebe? Ist alles vollgestellt mit Haben, Macht, Angst, Enge?

Die wehrlose Liebe sucht den Ort, sucht das Herz, wo sie ankommen kann. „Ich sagte zu einem Volk, das meinen Namen nicht anrief: Hier bin ich, hier bin ich! Den ganzen Tag streckte ich meine Hände aus ... Ich wäre zu finden gewesen für die, die nicht nach mir suchten" (Jes 65).

Aber er ruft mit leiser, wehrloser Stimme – „Du bist der Leiseste von allen" (Rilke) –, so daß nur einer es wahrnehmen kann, der selber still geworden ist, „arm" geworden ist, ein stilles Herz hat.

Gott in unserer Zeit: Dem wird etwas von Gott aufgehen, der weiß, daß ER die wehrlose Liebe ist.

Der goldene Schlüssel – Die Kunst, sich in Gott zu verlieben

Ich stand vor meinem Bücherschrank und suchte ein bestimmtes Buch. Da fiel mein Blick auf den Band mit den Grimmschen Märchen. Ich nahm ihn in die Hand, blätterte darin und dachte: Was mag das letzte Märchen in diesem Buch sein – gewiß ein besonders eindrucksvolles. Zu meinem Erstaunen sah ich, daß dies Märchen ganz kurz war, es war gar nicht zu Ende erzählt.

Es ist überschrieben: *„Der goldene Schlüssel"*.

Zur Winterszeit, als einmal ein tiefer Schnee lag, mußte ein armer Junge hinausgehen und Holz auf einem Schlitten holen. Wie er es nun zusammengesucht und aufgeladen hatte, wollte er, weil er so erfroren war, noch nicht nach Hause gehen, sondern erst Feuer anmachen und sich ein bißchen wärmen. Da scharrte er den Schnee weg, und wie er so den Erdboden aufräumte, fand er einen kleinen goldenen Schlüssel. Nun glaubte er, wo der Schlüssel wäre, müßte auch das Schloß dazu sein, grub in der Erde und fand ein eisernes Kästchen. Wenn der Schlüssel nur paßt! dachte er, es sind gewiß kostbare Sachen in dem Kästchen. Er suchte, aber es war kein Schlüsselloch da; endlich entdeckte er eins, aber so klein, daß man es kaum sehen konnte. Er probierte, und der Schlüssel paßte glücklich. Da drehte er herum, und nun müssen wir warten, bis er vollends aufgeschlossen und den Deckel aufgemacht hat, dann werden wir erfahren, was für wunderbare Sachen in dem Kästchen lagen.

Das Märchen ist nicht zu Ende erzählt. Denn wir selber sind angesprochen, es zu Ende zu bringen, nicht erzählend, sondern mit dem Abenteuer unseres Lebens. Wir sind auf eine Schatzsuche geschickt, jeder von uns. Und jedem von uns ist zugedacht, einen überaus kostbaren Schatz finden zu können. Und was ist das goldene Schlüsselchen?

Vor kurzem wurde mir ein kleines Buch geschenkt, dessen Titel mich sofort gefangennahm wie kaum sonst ein Buchtitel. Er heißt: „Die Kunst, sich in Gott zu verlieben" (vgl. Ramon Llull, Die Kunst, sich in Gott zu verlieben. Ausgewählt, übertragen und erläutert von Erika Lorenz Herderbücherei 1198, 1985). Mein Gott, dachte ich, wenn es das gibt, die Kunst, sich in Gott zu verlieben, wäre das nicht die schönste und höchste Kunst, die man sich denken kann? Ich kannte wohl ein vielgelesenes Buch eines Psychologen mit dem Titel: „Die Kunst des Liebens", aber nun: „Die Kunst, sich in Gott zu verlieben"! Das kleine Buch berichtet über einen spanischen Gottesgelehrten des 13. Jahrhunderts. Ihn wollen wir jetzt nicht befragen, sondern uns selber auf den Weg machen, bis wir das goldene Schlüsselchen gefunden haben, das uns den Schatz eröffnet.

Sich in Gott verlieben – gibt es das wirklich? Es gibt eine Sammlung von Liebesliedern, die zu dem Schönsten gehört, was je über die Liebe junger Menschen gedichtet worden ist. Es ist das Hohelied der Liebe, das in der Bibel im Alten Testament steht. In der bildreichen Farbenpracht morgenländischer Sprache wird dort die Liebe besungen, die Liebe zweier Liebender. Aber jeder, der diese Liebeslieder liest, weiß, daß sie zuletzt die Liebe zwischen Gott und dem Menschen, dem Menschen und Gott besingen: „Aufstehen will ich, die Stadt durchstreifen, die Gassen und Plätze, ihn suchen, den meine Seele liebt."

So sagt da der liebende Mensch, und wen er sucht: Das ist Gott. Und einer, der in diesem Suchen Gott gefunden hat und sich in ihn verliebte – es ist Angelus Silesius –, dichtet dann die Strophe:

Ich will dich lieben, o mein Leben,
als meinen allerbesten Freund.
Ich will dich lieben und erheben,
solange mich dein Glanz bescheint.

Und dann fügt er hinzu:

Ich will dich lieben, meine Krone,
Ich will dich lieben, meinen Gott,

Ich will dich lieben sonder Lohne
auch in der allergrößten Not.
Ich will dich lieben, schönstes Licht,
bis mir das Herze bricht.

Ja, es gibt eine Verliebtheit in Gott, die den Menschen in der Freude an Gott tanzen läßt. so wie es von David wörtlich heißt: „Er tanzte mit ganzer Hingabe vor Gott."

Aus Freude an Gott tanzen? – Zu mir kommt ein junger Mann, 25 Jahre alt. Seit einem Jahr ist er Priester. Er hat eine große Erbschaft gemacht, mehrere hunderttausend Mark. Er will mit mir überlegen, was er damit tun soll. Wir überlegen: soviel für diesen, soviel für jenen guten Zweck. Ich rate ihm, eine bestimmte namhafte Summe als Rückhalt für sich auf die Bank zu geben. Einige Monate später begegne ich ihm wieder. Wir machen zusammen einen Spaziergang durch den Park. Beiläufig frage ich ihn: „Wie haben Sie es mit dem Geld gemacht?" Da tritt er ein paar Schritte vor mich hin, hebt die Hände hoch und tanzt und sagt: „Alles weg, alles weg!" Er sagte: „Das Geld stand zwischen Gott und mir. Jetzt bin ich wieder frei." Das ist so einer, den die Freude an Gott tanzen läßt. –

Die Kunst, sich in Gott zu verlieben: Kann man sie erlernen, wie die Kunst des Geigenspiels oder, sagen wir, wie die Kunst der Bildhauerei? Dann müßte es also Regeln der Einübung geben, so wie es bei all den anderen Künsten der Fall ist. Aber wie geht es denn sonst zu, wenn zwei Menschen sich ineinander verlieben? Ist das nicht einfach da, daß von dem einen zum anderen ein Glanz der Liebenswürdigkeit ausgeht und jenes Unnennbare und Nicht-mehr-in-Begriffe-zu-Fassende weckt, was man Liebe nennt? Könnte es sein, daß es so auch zwischen Gott und dem Menschen zugeht?

Ich denke mir, daß es ungezählte Menschen gibt, die das Verlangen haben, sich in Gott zu verlieben. Woher mag dieses Verlangen kommen? Sollte es sein, daß schon immer eine Ahnung von der Liebenswürdigkeit Gottes in unserer

Seele liegt? Könnte es sein, daß ein Schimmer dieses Schatzes schon immer von ihm her in unsere Seele gefallen ist?

Als ich diese Ansprache vorbereitete, besuchte mich eine etwa fünfzigjährige Frau, Mutter einer großen Familie. Ich wußte von ihr, daß sie ganz mit Gott lebt. Ich fragte sie: „Die Kunst, sich in Gott zu verlieben – wie tut man das?" Sie gab sofort zur Antwort: „Da kann ich nicht aus eigener Erfahrung sprechen, denn bei mir hat Gott alles allein getan. Ich habe jahrelang gelebt ohne einen Gedanken an Gott. Plötzlich hat er mich eingeholt mit seiner Liebe ohne mein geringstes Zutun. Seitdem bin ich in ihn verliebt, und Sie wissen ja, wenn man verliebt ist, verschenkt man sein ganzes Herz."

Hier leuchtet eine wichtige Erkenntnis auf, von der uns all jene berichten, die etwas von der Gottesverliebtheit erfahren haben: „Er hat uns zuerst geliebt" (1 Joh 4, 19).

Was das Liebeslied im Alten Testament sagt: „Aufstehen will ich, die Stadt durchstreifen, die Gassen und Plätze, ihn suchen, den meine Seele liebt", das ist auch von Gott gesagt, der in seiner Liebe dem Menschen nachgeht, wie nur ein Liebender seiner Geliebten nachgeht. „Du brennender Gott in deiner Sehnsucht", sagt Mechthild von Magdeburg, eine Mystikerin des Mittelalters. Wenn es so ist, daß Gott es ist, der in uns verliebt ist, dann muß ja unser Thema abgeändert werden. Dann heißt es eigentlich nicht mehr: „Die Kunst, sich in Gott zu verlieben", sondern: „Die Kunst, sich von Gott lieben zu lassen!"

Wer freilich diese Kunst erlernt, der wird, so hören wir es von Erfahrenen, mit dem Herzen jene Strophe von Angelus Silesius verstehen:

Ich danke dir, du wahre Sonne,
daß mir dein Glanz hat Licht gebracht.
Ich danke dir, du Himmelswonne,
daß du mich froh und frei gemacht.
Ich danke dir, du güldner Mund,
daß du mich machst gesund.

Aber da ist noch einmal die Frage: Gibt es denn keine Regeln, keine Anweisungen, diese Kunst zu erlernen? Kommt diese Verliebtheit in Gott einfach so über einen, oder kann man etwas dafür tun, daß sie über einen kommt? Ja, ich glaube, daß es solche Regeln gibt. Ich fragte einen vierundzwanzigjährigen Mann: Wie tut man das, sich in Gott verlieben? Er antwortete: Es wird wohl so gehen, wie es sonst geht, wenn man sich verliebt: Man muß sich treffen, man muß oft zusammen sein!

Vielleicht gibt es diese „Regeln": aufmerksam werden auf Zeichen, die Gott, der Liebende, immerfort gibt, sensibel werden für die Liebeserklärung Gottes. Hören auf seine Wahrheitsstimme im heiligen Wort, hören auf seine Wahrheitsstimme in mir! Dann aber: mich einlassen auf die Weisung, die ich vernehme. Wenn ich dann anfange, zu tun, was seine Weisung mir sagt, wachsen mir Kräfte zu, die nicht aus mir kommen, sondern von ihm her. Mein Leben wandelt sich Schritt für Schritt in dem Maße, in welchem ich im Lebensgespräch mit ihm bleibe.

Wie oft erreicht uns seine Stimme, sein Liebeswerben, und wir weichen aus. Ein Mann jenseits der Lebensmitte sagte mir: „Vor Jahren übernachtete ich auf einer Geschäftsreise in einem Hotel. Als ich nicht schlafen konnte, nahm ich die Bibel, die dort lag. Seit meiner Kindheit hatte ich keine Bibel mehr in der Hand gehabt. Ich schlug beliebig das Evangelium auf und las. Es berührte mich aufs stärkste. Da stieg in mir der Gedanke auf: ‚Mit diesem Evangelium zu leben, das hat Konsequenzen; dann mußt du anders leben!' Vor diesen Konsequenzen fürchtete ich mich. Ich legte das Buch weg. Mein Leben änderte sich nicht. Heute weiß ich, daß ich ein Angebot Gottes – ich denke, seiner Liebe – zurückgewiesen habe."

„Die Kunst, sich in Gott zu verlieben" – ich höre den Einwand von vielen: Gibt es denn kein Leiden an Gott? Gibt es denn das andere nicht, daß ich mich von ihm im Stich gelassen glaube? O ja, das weiß ich wohl, daß es dies gibt, noch und noch. Aber ich weiß auch, daß Lieben und Leiden zusammengehören. Sagen wir nicht zu jemandem, den wir lieben: „Ich mag dich leiden“? Sprechen wir nicht von der Leidenschaft für Gott?

Das aber glaube ich: Auch in dem Leiden an Gott, auch in der Stunde, in der wir glauben, von ihm im Stich gelassen zu sein, wird er, wenn wir nicht aufhören, mit ihm zu reden – und sei es in Klage und Anklage –, uns so viel an Nähe geben, daß wir an der Liebesbeziehung zu ihm nicht verzweifeln.

Da gibt es die Geschichte von dem alten leidenden Rabbi, der durch ein Leben voller Leid und Not immer wieder betend seine Not zu Gott brachte. Seine Schüler zweifelten darüber und sagten zu ihm: „Wie kannst du nur so mit Gott reden, der offensichtlich mit dir nicht mehr redet?“ Der Rabbi sagte darauf: „O doch, er redet schon mit mir, er antwortet nur nicht.“

Der Rabbi hat wohl gewußt, daß das Beten kein Frage- und Antwortspiel ist! Er redet mit mir, er antwortet nur nicht. Er gibt mir nicht die passenden Antworten, die ich von ihm erwarte. Aber er redet mit mir. Ist das nicht genug, daß er mit mir redet? Daß ich seine Nähe erfahre, trotz aller Verborgenheit? Wenn er mit mir redet, kann ich weiter mit ihm reden. Und so kann ich meine Not immer weiter sagen bis, ja, bis ich einmal endlich seine Antwort bekomme, die ganze Antwort, alles. Gibt es nicht ein Schweigen unter Liebenden – Leidenden, das kein Verstummen ist? Es kann sein, daß gerade in Winterkälte und Einsamkeit, wie es das Märchen sagt, das goldene Schlüsselchen gefunden wird, das den Zugang zu ihm eröffnet.

Viel anderes drängt sich heute den Sinnen und dem Herzen des Menschen auf und wirbt um ihn. Oft laut und aufdringlich. Wird das leise Liebeswerben Gottes vernommen werden?

Aus den Sinnsprüchen von Angelus Silesius:

Ich mag mich auf der Welt
in keiner Kunst so üben,
als wie ich meinen Gott
aufs innigste soll lieben.

Wer ist der Heiligste?
Der mehr verliebet ist!
Die Liebe macht's, daß man
für heilig wird erkiest.

Es kann in Ewigkeit
kein Ton so lieblich sein,
als wenn des Menschen Herz
mit Gott stimmt überein.

Gott liebt so herzlich dich,
er würde sich betrüben,
im Fall es möglich wär',
daß du ihn nicht willst lieben.

Kein Ding ist hier noch dort,
das schöner ist als ich,
weil Gott, die Schönheit selbst,
sich hat verliebt in mich.

Ein rein'es Herz schaut Gott,
ein heil'ges schmecket ihn,
in ein verliebetes
will er zu wohnen zieh'n.

Daß wir den Himmel schauen ...

Ein Gedicht Eichendorffs, das mit der Zeile beginnt: „Es wandelt, was wir schauen ..." wird in der letzten Strophe ganz zum Gebet:

> Du bist's, der, was wir bauen,
> Mild über uns zerbricht,
> Daß wir den Himmel schauen –
> Darum so klag' ich nicht.

Vielleicht steht im Hintergrund dieses Gedichtes der schmerzliche Verlust des Elternhauses und der Heimat. „Wir alle müssen scheiden / Von allem, was uns lieb", so heißt es in der Mitte des Gedichtes.

Bei vielen Gedichten Eichendorffs geht es um das Hinausgelangen in die Weite, in die Freiheit. Das ist dann vordergründig die Weite der Landschaft und der Welt, die der Wanderer erwandert. Aber das ist ein Bild für jene andere Weite und Freiheit, die in der Zeile ausgesagt wird: „Daß wir den Himmel schauen".

Ich kann mir denken, daß es in diesem Vers ein Wort gibt, gegen das wir uns sträuben – dieses „mild"! Gibt es denn nicht die harten Schicksalsschläge, die uns treffen, die uns unbarmherzig an die Erde werfen, die uns manchmal zerbersten lassen?

Vielleicht hat Eichendorff zuerst gedacht an das Hab und Gut, das wir uns bauen, an all unsere Lebensentwürfe, an all das, was wir so gerne festhalten wollen, worin wir uns ansiedeln wollen, an unsere Eigenwelt, die wir nicht loslassen wollen.

Aber gibt es nicht den sehr schmerzlichen Verlust des geliebten Menschen? Ist auch der mitgemeint in Eichendorffs Vers? – Er weiß, daß wir hier auf Erden nicht zurechtkommen mit dem Leid und den Rätseln des Lebens, aber er vertraut, daß Gott Leid und Rätsel unseres Lebens mit seinem Erbarmen umfängt:

„Was gäb' es doch auf Erden,
Wer hielt' den Jammer aus,
Wer möcht' geboren werden,
Hieltst Du nicht droben Haus!"

Es kann sein, daß schweres Leid den Menschen verhärtet. Daß es verstummen läßt. Es kann aber auch sein, daß schweres Leid das Menschenherz öffnet. Daß es dem Leben Tiefe gibt. Daß es das Leben verwandelt zur Reife hin.

Und das ist Eichendorffs gläubige Lebenserfahrung: Manches wird uns in unserem Leben zerbrochen – und es zeigt sich, daß dies Zerbrechen nicht das Ende ist, sondern unser Leben öffnet auf das Größere hin. Würden wir das, was wir bauen, festhalten, als wäre es unser ewiger Besitz, dann würde unser Leben am Ende leer bleiben: „Wer sein Leben festhält, wird es verlieren", sagt Jesus.

Was Gott im Sinn hat, wenn er es zuläßt, daß uns so manches, was wir gebaut haben, zerbrochen wird, das will uns dieser Vers sagen:

Du bist's, der, was wir bauen,
Mild über uns zerbricht,
Daß wir den Himmel schauen –
Darum so klag' ich nicht.

4

Ausblick

*

Er ringt in mir …

„Für wen haltet ihr mich?“

(Mk 8, 29 in 8, 27–35)

Jede Zeit gibt auf die Frage Jesu: Für wen haltet ihr mich? Wer bin ich für euch?, ihre Antwort. Als Augustinus als junger Mann, noch nicht getauft, in Karthago in die katholische Basilika ging, sah er das Christusbild seines Jahrhunderts: Christus als Weisheitslehrer: „Der Christus der volkstümlichen Vorstellung war nicht ein leidender Erlöser. Das vierte Jahrhundert kennt keine Kruzifixe ... Auf den Sarkophagen dieser Zeit ist er immer als Lehrer dargestellt, der seine Weisheit einem angehenden Philosophen weitergibt. Für einen kultivierten Mann bestand gerade darin das Wesen des Christentums. ‚Hier, hier ist das, wonach alle Philosophen ihr Leben lang gesucht haben‘, schreibt Lactantius“ (Peter Brown, Augustinus von Hippo). Wie anders ist etwa das Christusbild tausend Jahre später, das Matthias Grünewald (gest. 1528) im Isenheimer Altar gemalt hat. Wie anders das Christusbild unserer Zeit; antlitzlos, es sei denn, es erhalte sein Antlitz im Antlitz der Armen und Gefolterten.

In dem Buch „Wer ist Jesus von Nazaret – für mich?“ hat Heinrich Spaemann Zeugnisse von Menschen unserer Tage zu dieser Frage gesammelt (erschienen im Kösel-Verlag, München 1973). Da stehen Antworten wie diese:

Barbara Albrecht: „Jesus Christus ist Grund meiner Hoffnung.“

Hans Urs von Balthasar: „Der einzige Mensch in der Weltgeschichte, der einen Anspruch zu stellen gewagt hat, wie ihn Gott im Alten Bund erhob ... Einem Weisen ziemt Bescheidenheit, und einem Propheten ziemt es, ‚Spruch des Herrn‘, nicht ‚Ich aber sage euch‘ zu sagen.

Gott der Vater hat diesen Anspruch mit der Auferwekkung Jesu bestätigt."

Rudolf Schnackenburg: „Jesus ist mir die vorher nie dagewesene und niemals überholbare Offenbarung Gottes in seiner Zuwendung zu den Menschen und in seinem Anspruch an die Menschen, und zwar in einer Weise, daß ich selbst durch Jesus unmittelbar angesprochen und angefordert bin ... Meine letzte Hoffnung, und wäre es ‚wider alle Hoffnung', erwächst aus dem Glauben, daß Gott den Gekreuzigten auferweckt hat."

Helmut Gollwitzer: „Er stört mich. Ich kann mich wegen seines Dazwischentretens nicht verhalten, wie ich zunächst wollte. Oft genug tue ich es natürlich, leider. Aber er überläßt mich nicht meinen Neigungen und Launen. Er ringt mit mir ... So gestört zu werden ist das Heilsamste, was uns widerfahren kann."

Dorothee Sölle: „Was tut er mir? Ich lerne von ihm ... Ich lerne von ihm, allen Zynismus zu überwinden. Diese Lektion finde ich heute am schwersten – es gibt überzeugende Gründe, Menschen zu verachten, es gibt großartige Gründe, mich selber zu verachten. Es gibt eine Versuchung, das Leben nur teilweise, nur ein Stück weit, nur unter Umständen zu bejahen. Er beschämt mich – meine endliche, ungeduldige, teilweise, oberflächliche Bejahung. Er lehrt mich ein unendliches, revolutionäres, nichts und niemanden auslassendes Ja."

Richard Egenter: „Dieser Mensch Jesus von Nazaret stellt mich vor bzw. in das Geheimnis Gottes, dem ich sonst nur auf mühseligen Denkwegen nahe komme."

Emmanuel von Severus OSB: „Heute, nach langen Mönchs- und Priesterjahren: ER, ohne den ich nichts tun kann und will, dem ich ganz gehöre und nichts vorziehen will."

Vera von Trott: „Der mein ganzes Leben in Frage stellt – und ihm Sinn gibt."

Monica von Canstein: „Er ist die Liebe, er muß es sein, sonst dürfte ich nicht mehr leben. Durch ihn sehe ich unseren Vater, der uns die Freiheit schenkt, von ihm weggehen zu können. Wenn ich mich umwandte und am Abgrund anlangte, fand ich dort Jesus."

Ein Mann, in der Lebensmitte stehend, der ein leidvolles Lebensschicksal zu tragen hat, sagte mir: Jesus ist für mich der, der das Leid zu Gott hin öffnet. Ich kann nur als Christ leben, weil er als einziger das Leid öffnet auf einen letzten Sinn hin.

Fragen zur Besinnung

In einem Gebet von Roger Schutz heißt es: „Du, Christus, forderst mich unablässig heraus und fragst mich: Für wen hältst du mich?"

1. Wer ist Jesus für mich? Unmittelbar vor ihn kommen: Wer bist du für mich? Darf ich so fragen? – Ich höre seine Frage an mich: Wer bin ich für dich? Er will nicht Information; seine Frage ist Lebensfrage an mich!

2. Gibt es in meinem Leben entscheidende Stellen der Christusbegegnung, wo diese Frage eine Antwort suchte und fand? – Ich wandere mit dieser Frage durch mein Leben: meine früheste Erinnerung an Jesus Christus; wie wandelte sich sein Bild im Laufe meines Lebens?

3. Wenn ich Künstler wäre: Wie würde ich ihn am liebsten darstellen?

4. Wenn ich Künstler wäre: Wie würde ich ihn und mich in der Beziehung zueinander darstellen?

5. Richtet sich mein Gebet mehr an Gott oder an Christus? Warum ist es so?

6. Worin bekenne ich mich gegenwärtig in meinem Leben am ehesten zu ihm? (Wenn ein Nichtchrist bei mir wohnte – was würde er als christlich, als christuszugehörig an mir erkennen?).

7. Petrus bekennt sich zum Christus-Messias, aber er lehnt einen leidenden Messias ab. Bekenne ich mich zu Christus, dem Menschensohn, der in der Leidensgeschichte der Menschen verborgen ist? Oder lebe ich ahnungslos vorbei an dieser sich fortsetzenden Leidensgeschichte des Menschensohnes, so daß auch ich in den Worten der im Gericht Fragenden eingeschlossen bin: „Herr, wann haben wir dich hungrig, durstig, fremd, nackt, krank, im Gefängnis gesehen?" (Mt 25, 31 f).

Die Frage Jesu muß ihre Antwort finden im Leben mit ihm! Nur wenn ich mich mit meinem Leben für ihn entscheide, werde ich mehr und mehr erkennen, wer er ist.

Gebet

Du, o Christus, forderst mich unablässig heraus und fragst mich: „Für wen hältst du mich?"

Du bist es, der mich liebt bis in das Leben, das ohne Ende ist.

Du öffnest mir den Weg zum Wagnis. Du gehst mir voraus auf dem Weg zur Heiligkeit, wo der das Glück findet, der liebt bis in den Tod, und wo das Martyrium die letzte Antwort ist.

Tag für Tag wandelst du das nein in mir um in ein Ja. Du willst nicht nur ein paar Brocken von mir, sondern mein ganzes Dasein.

Du bist es, der Tag und Nacht in mir betet, ohne daß ich darum weiß. Mein Stammeln ist Gebet. Im Anruf deines Namens, Jesus, erfüllt sich unsere Gemeinschaft.

Du bist es, der jeden Morgen den Ring des verlorenen Sohnes, den Ring des Festes, an meinen Finger steckt.

Und ich, warum habe ich so lange gezögert? Habe ich „die Herrlichkeit Gottes gegen Ohnmacht ausgetauscht, habe ich den Quell lebendigen Wassers verlassen und mir Zisternen gegraben, rissige Zisternen, die das Wasser nicht halten?" (Jer 2).

Du hast mich unablässig gesucht. Warum habe ich gezögert und mir Zeit erbeten, um mich um meine Angelegenheiten zu kümmern? Warum habe ich zurückgeschaut, nachdem ich die Hand an den Pflug gelegt hatte? Ohne es recht zu wissen, bin ich untauglich geworden, dir nachzufolgen.

Und doch, obwohl ich dich nicht gesehen habe, habe ich dich geliebt.

Du hast mir wiederholt gesagt: „Lebe das wenige, was du vom Evangelium begriffen hast. Verkünde mein Leben unter den Menschen. Entzünde ein Feuer auf der Erde. Komm und folge mir nach ..."

Und eines Tages habe ich begriffen: Du wolltest meinen unwiderruflichen Entschluß.

Roger Schutz, Taizé

Quellenhinweise

Die Texte dieses Buches sind folgenden Werken von Johannes Bours entnommen:

Da fragte Jesus ihn. Verlag Herder, Freiburg i. Br. 6. Auflage 1990

Nehmt Gottes Melodie in euch auf – Worte für das tägliche Leben. Verlag Herder, Freiburg i. Br. 6. Auflage 1992

Ich werde ihm den Morgenstern geben – Worte für den Lebensweg. Verlag Herder, Freiburg i. Br. 4. Auflage 1991

Der Mensch wird des Weges geführt, den er wählt – Geistliches Lesebuch. Verlag Herder, Freiburg i. Br. 5. Auflage 1990

Die Beiträge „Worin ich euch treffe" und „Sie freuen sich, daß Gott an sie gedacht hat" sind Erstveröffentlichungen.

Johannes Bours bei Herder

Johannes Bours
Da fragte Jesus ihn
6. Auflage, 240 Seiten, gebunden
ISBN 3-451-19970-X

Johannes Bours
Der Gott, der mein Hirte war, mein Leben lang
Herderbücherei Band 1793
ISBN 3-451-08793-6

Johannes Bours
Halt an, wo laufst du hin?
Bildmeditationen
2. Auflage, 152 Seiten, 41 farb. u. 15 schw.-w. Abb., gebunden
ISBN 3-451-21835-6

Johannes Bours
Ich werde ihm den Morgenstern geben
Worte für den Lebensweg
4. Auflage, 200 Seiten, gebunden
ISBN 3-451-21333-8

Verlag Herder Freiburg · Basel · Wien

Johannes Bours
Der Mensch wird des Weges geführt, den er wählt
Geistliches Lesebuch
5. Auflage, 288 Seiten, gebunden
ISBN 3-451-20755-9

Johannes Bours
Nehmt Gottes Melodie in euch auf
Worte für das tägliche Leben
6. Auflage, 192 Seiten, gebunden
ISBN 3-451-20414-2

Johannes Bours
Wer es mit Gott zu tun bekommt
Schritte geistlicher Einübung in biblische Gotteserfahrungen
5. Auflage, 236 Seiten, gebunden
ISBN 3-451-21014-2

Johannes Bours / Franz Kamphaus
Leidenschaft für Gott
Ehelosigkeit, Armut, Gehorsam
8. Auflage, 236 Seiten, kartoniert
ISBN 3-451-19435-X

Verlag Herder Freiburg · Basel · Wien